DOMAINE DU POSSIBLE

La crise profonde que connaissent nos sociétés est patente. Dérèglement écologique, exclusion sociale, exploitation sans limites des ressources naturelles, recherche acharnée et déshumanisante du profit, creusement des inégalités sont au cœur des problématiques contemporaines.

Or, partout dans le monde, des hommes et des femmes s'organisent autour d'initiatives originales et innovantes, en vue d'apporter des perspectives nouvelles pour l'avenir. Des solutions existent, des propositions inédites voient le jour aux quatre coins de la planète, souvent à une petite échelle, mais toujours dans le but d'initier un véritable mouvement de transformation des sociétés.

# CES ÉCOLES QUI RENDENT NOS ENFANTS HEUREUX

Coordination éditoriale réalisée par Cyril Dion pour Colibris


ISBN 978-2-330-01000-3
www.actes-sud.fr

ANTONELLA VERDIANI

# CES ÉCOLES QUI RENDENT NOS ENFANTS HEUREUX

EXPÉRIENCES ET MÉTHODES POUR ÉDUQUER À LA JOIE

*DOMAINE DU POSSIBLE*
*ACTES SUD*

*À ma mère Leda et à ma grand-mère Antonia,*
*pour terminer en beauté une histoire de femmes*
*qui n'ont jamais pu mais auraient tant aimé écrire.*
*À mes enfants Jacopo, Tancredi et Gea,*
*à leurs futurs enfants,*
*aux enfants de leurs enfants...*
*À Antoine, dont j'ai compris le rêve,*
*continué aujourd'hui par ses parents.*
*Et, bien sûr, à la joie !*

Ce livre est un appel aux parents, aux enseignants, aux maîtres et maîtresses d'école, aux adultes qui ne savent plus rêver, pour qu'ils mettent de côté, le temps de cette lecture, la masse de connaissances intellectuelles, de savoirs et de théories éducatives qu'ils ont appris sur leurs enfants, ce qu'ils croient "être bon" pour eux et pour leur développement. C'est une proposition impertinente de ne pas "faire les devoirs" que l'éducation nous a imposés tout au long de notre vie (réussir, aller vite, être les premiers...), mais de se laisser plutôt embarquer par le vent du changement qui parcourt notre monde aujourd'hui, y compris celui de l'école. Pour en finir avec le mépris systémique de ce qui, avec la pensée, nous distingue des animaux – à savoir notre capacité de rêver –, nous nous devons de redonner à l'éducation son rôle d'éveil. Chacun de nous recèle un don, un talent inné qui, s'il est respecté et honoré, nous transformera en un être humain heureux, en contact avec sa joie de vivre, en accord avec soi-même et avec les autres. L'éducation a le devoir de reconnaître ce trésor, de le révéler et d'aider tout individu à le développer : l'enjeu n'est rien d'autre que l'accomplissement d'un monde de paix.

# INTRODUCTION

*Accompagner, c'est célébrer, c'est manifester l'incroyable splendeur qu'est chacun(e).*

MARIE MILIS

## Ainsi on tue les rêves des enfants

Milan, théâtre de la Scala, juin 1967.

Je monte les marches d'un immense escalier qui nous mène à la salle où a lieu l'audition pour intégrer l'école de danse de la Scala. Élégante dans ses habits de fête, maman m'accompagne. Mes mains entre les siennes transpirent ; je sens mon cœur sortir de ma poitrine, j'ai peur. Soudain, une foule d'enfants, filles et garçons confondus, se déverse en courant dans la cage d'escalier. Ils sont tous très minces, beaux, parfaits, comme s'ils étaient sortis d'un monde féerique. Je commence à me sentir *différente*, moi qui ne suis ni maigre, ni parfaite, ni spécialement belle. Devant la porte d'une immense salle aux grands miroirs, deux enseignantes, elles aussi maigres, à la limite de l'anorexie, nous reçoivent en affichant un sourire que je sens forcé, comme celui qu'il faut afficher même lorsqu'on doit continuer à danser avec des crampes insoutenables aux mollets. Nous sommes une vingtaine de fillettes silencieuses et de toute évidence, si je regarde la pâleur des visages autour de moi, toutes terrorisées par ce lieu austère qu'est le théâtre. Le piano attaque une musique sur laquelle nous devons danser librement, pieds nus, "à notre façon", nous dit-on. C'est une chance, pensé-je, car à ce moment j'oublie tout ce que j'ai appris pendant mes deux ans de cours de danse classique au théâtre Bellini en Sicile... mais je danse et le rythme de la musique me fait oublier la fausseté des sourires forcés, la froideur du lieu, ainsi que mon imperceptible sensation de différence. Je me retrouve ainsi à virevolter au beau milieu d'une grande confusion, d'un joyeux chaos de jambettes qui se croisent, se bousculent en cherchant à s'éviter, légères ou maladroites, au son de ce que je crois être un nocturne de Chopin. Je danse et comme par magie les paroles de mon ancien maître de ballet me reviennent à l'esprit . "La technique importe autant que la passion, le jour viendra où elles ne feront plus qu'un. Tout ce que tu apprends maintenant viendra à ton service un jour : tu as la passion, c'est ton trésor."

Le claquement des mains d'une des deux dames arrête brusquement la pianiste : "Merci, les enfants. Maintenant, approchez-vous dès que votre nom sera appelé", nous ordonne-t-elle. Une par une, les mains, les bras, les jambes, tous les membres de nos petits corps passent sous les regards inquisiteurs des deux dames, pendant qu'elles commentent et hochent souvent la tête. Mon tour arrive enfin, je suis une des dernières, mon nom commençant par un V. L'une d'elles touche mes pieds avec insistance, appelle sa collègue, lui dit quelque chose que je ne comprends pas en lui montrant mes extrémités, me demande de marcher devant elle, touche et retouche mes talons, mes chevilles, mes cous-de-pied. À cet instant, la même sensation de différence qui m'avait saisie quelques minutes avant dans la cage d'escalier me revient : je suis *étrange, inadaptée*, je dois avoir les pieds qui ne vont pas, trop grands, trop plats, certainement bizarres. En cachette, je regarde ceux de mes copines qui me paraissent, bien sûr, les plus élégants du monde : voilà, pensé-je, je suis difforme, *différente*. Enfin l'inspection se termine, nous allons dans une autre pièce. Ce n'est pas d'une salle de danse qu'il s'agit cette fois-ci, mais plutôt d'une salle de classe avec de vieux bancs en bois et un tableau noir. Comme à l'école, on nous demande de nous asseoir et on fait l'appel ; au fur et à mesure que les noms défilent, nous sommes dirigées à droite ou à gauche des deux dames, en groupes séparés. Mon nom est appelé, on m'indique la gauche. Puis le verdict arrive : "Nous vous remercions de votre venue. Voilà notre sélection : ici, à droite, les élèves acceptées. À gauche, celles que malheureusement nous ne pouvons pas retenir à la Scala. Vous pouvez disposer, merci."

Soudain je comprends la raison de cette répartition, le pourquoi de cet examen si approfondi de mes pieds, et la confirmation que je suis *quelqu'un de mauvais*, inadapté, exclu à jamais du monde de la danse, arrive, définitive. D'un seul coup les larmes commencent à couler sur mes joues. Plus que de larmes, il s'agit, je me souviens, de sanglots intarissables, désespérés, violents comme violente a été la décision de m'exclure, que je vis comme un verdict sans appel, froid, public. Presque sans rien voir, je descends les marches qui m'amènent au rez-de-chaussée, où maman m'attend, assise à côté d'un monsieur très élégant. Mes larmes coulent en torrents, je ne suis pas en mesure d'articuler mes mots. D'abord préoccupée "Tu as mal quelque part? Tu es tombée?" –, ma mère comprend enfin la raison de toute cette peine : on m'a *refusée*. En l'espace d'une seconde, le monde, mon monde enchanté, s'écroule. De bonne élève, de petite fille promise à la danse, confiante dans la vie et dans les autres, je suis devenue quelqu'un de marginal, une sorte de monstre aux pieds difformes. Dans ma tête, ce refus sonne comme une interdiction à vie : "Je ne pourrai plus jamais danser", j'en conclus. C'est ainsi que par un après-midi d'été à Milan – je n'ai pas encore dix ans –, la passion de ma vie s'envole à jamais.

Pendant que j'écris, je me souviens. Les paroles de ma mère qui cherchent à me consoler, impuissante. L'expression du monsieur qui, je le saurai par la suite, était un célèbre pianiste, son visage désolé... "Jamais je n'ai vu autant de désespoir concentré dans une si petite fille", aurait-il dit, embarrassé. Aujourd'hui encore, pendant que j'écris, je vois l'image de moi-même assise au fond du bus qui nous ramène à la maison, je sens les sanglots m'étouffer, une oppression à la poitrine. Je me rappelle la honte devant mes pieds devenus si inélégants, une honte si forte que pendant longtemps j'ai évité de chausser des sandales en été. Je me souviens aussi de la douleur qui se réveillait chaque fois que, pendant les dix années qui ont suivi cet épisode, j'assistais à des spectacles de danse classique : c'était comme si j'avais perdu pour toujours le droit d'être heureuse. Mais, comme il arrive pour les deuils les plus terribles, pour la perte des trésors les plus chers, le temps a fait son travail de pacification. Petit à petit, non sans difficulté, j'ai compris que la Scala n'était pas l'unique école au monde et que ce refus n'équivalait pas forcément à être exclue à vie de la danse. Jeune adulte, j'ai donc pris des cours de danse jazz, moderne, classique, de tango, de danse indienne, d'improvisation... Libérée enfin du sortilège infligé en ce mois de juin de 1967, j'ai un jour réalisé que danser était ma façon de manifester la joie de vivre et qu'il y a mille façons de célébrer la vie car ma joie est toujours là, indépendante et paradoxalement libre de tout.

Ce récit n'a rien d'extraordinaire, me direz-vous. Ce qui m'est arrivé est courant. Cela vous est peut-être arrivé à vous aussi, et quelque chose de semblable est arrivé (ou va arriver) aussi à vos enfants : ce n'est que le processus normal de sélection de la vie, allez-vous penser... Pour moi, par contre, *il n'y a rien de normal* dans tout ça. La raison pour laquelle j'ai voulu témoigner de cet épisode repose sur la conviction suivante : si nous continuons de perpétuer (même passivement) des pratiques semblables, nous devenons complices d'un système qui tue ce qu'il y a de plus noble dans les êtres humains : la capacité de rêver, de se projeter dans la vie. Cet épisode exprime la cruauté ordinaire que notre monde, notre système éducatif en tête, continue à infliger aux enfants, dans une pratique tellement courante qu'elle en est devenue banale. Banale non seulement parce que leur opinion n'est pas prise en compte, mais surtout parce que les enfants doivent se plier aux projections que les adultes font sur eux (souvent issues de leurs frustrations), au nom d'une *normose*[1] qui fait passer la raison avant la passion. Ainsi, on continue à briser les rêves des enfants, à leur voler les trésors de leurs passions, si déjà ils ont eu la chance de pouvoir les conserver. Car, pour une grande majorité, rêver est un luxe. D'abord, parce que presque un milliard d'enfants (sur les deux milliards qu'en compte la planète) vivent dans une grande pauvreté, donc supportent des privations qui les obligent à se concentrer avant tout sur leur propre survie. Ensuite, parce que contacter son propre rêve devient de plus en plus difficile aussi pour les enfants des pays riches, bombardés comme ils

1. Le terme a été créé par le psychosociologue Pierre Weil, pionnier de la psychologie transpersonnelle en France et au Brésil, qui affirme qu'"une grande partie des opinions, attitudes et comportements sur lesquels il y a un consensus général nous dictent ce qui est « normal » et nous mènent en réalité à une *normose*. En effet, ces consensus constituent autant de pressions sociales qui, d'une manière ou d'une autre, forcent l'individu à s'adapter à des normes anormales." Pierre Weil, *L'Art de vivre en paix*, Unesco/Unipaix, 2001.

sont par des sollicitations externes, des symboles de succès et de réussite qui ne font que les distraire de leurs désirs les plus profonds, de leur propre vérité.

"Chacun de nous, en sa prime jeunesse, sait quelle est sa Légende personnelle, nous dit le personnage de *L'Alchimiste*[1], l'accomplir est la seule et unique obligation des hommes" sauf que nous l'oublions souvent. J'ajouterai que les rêves ne connaissent pas de frontières, de classes sociales, de genre ou d'âge et qu'ils ont la magie de traverser l'espace-temps. Comment alors parvenir à les accomplir quand l'école ne fait qu'appuyer des pratiques de sélection, de discrimination et de compétition au nom d'une prétendue réussite sociale ? quand, dans ces mêmes écoles, des adolescents de plus en plus jeunes[2] se suicident lorsqu'on les sanctionne, au lieu par exemple de leur demander une simple réparation ? Bien que nous ne puissions pas imputer entièrement à l'école la cause de ce phénomène, il faut néanmoins reconnaître que le milieu éducatif dominant, qui divise, sépare et punit, ne fait que l'exacerber.

Réussir son rêve pourrait donc devenir le nouveau défi d'une éducation pour les générations futures, à condition que l'on s'accorde sur la signification

1. Paulo Coelho, *L'Alchimiste*, Anne Carrière, 1995.
2. "40 % des enfants pensent à la mort à l'école, tellement ils sont anxieux et malheureux", affirme Boris Cyrulnik, chargé de mission par la secrétaire d'État à la Jeunesse, après trois suicides d'adolescents en 2011 en France. Selon une étude réalisée à partir des données du Centre anti-poison de Lille-CHRU (qui reçoit des appels de toute la France), entre le 1er janvier 2000 et le 31 décembre 2010, on a recensé 5 141 tentatives de suicide chez des enfant âgés d'entre 7 et 14 ans. (Étude en ligne consultée le 11 septembre 2011 : http://www.chru-lille.fr). Les tentatives de suicide chez les enfants de moins de 13 ans ont également fait l'objet d'une enquête à l'hôpital Nord-CHU de Saint-Étienne, qui a examiné 97 cas d'enfants d'un âge moyen de 11 ans, entre 2004 et 2005. L'étude signale que "la tentative de suicide est rarement le premier signe d'une souffrance chez l'enfant. La plupart du temps, la conduite suicidaire n'est pas rattachée à une pathologie psychiatrique. Les conduites suicidaires chez l'enfant viennent signifier un vécu existentiel dépressif, sur fond de grande fragilité narcissique [...]. L'environnement sociofamilial de l'enfant est remarquable par son caractère peu sécurisant et peu contenant" (article de Martine Laronche dans *Le Monde*, 30 janvier 2011). En Belgique, il y aurait chaque jour 2 ou 3 tentatives de suicide chez les adolescents. Outre Atlantique, il semble que le Québec détienne le taux de suicide d'adolescents (15 à 19 ans) le plus élevé au monde. Les adolescents qui passent à l'acte sont de plus en plus jeunes et, parmi eux, le nombre d'enfants de 14 ans et moins a triplé ces dernières années. Chez les adolescents, le taux de décès serait de 11,9 pour 100 000 personnes (voir le rapport *La Mortalité par suicide au Québec : données récentes de 2005 à 2009*, mise à jour 2011, Institut national de santé publique du Québec, Canada).

du terme “réussite” un sens qui n’est manifestement pas partagé par tout le monde, surtout à l’école des “bons élèves”.

### *La* question : "bon élève" ou "bon être humain" ?

En France, comme dans la plupart des pays occidentaux, il s’est créé un mythe : celui des “bonnes écoles”, ces établissements d’élite où il serait préférable d’envoyer les enfants pour que, dès l’âge le plus tendre, ils commencent à construire un avenir professionnel réussi. Régulièrement, chaque année, la presse populaire publie des listes diverses et variées d’écoles, de classes prépas et un “palmarès des lycées” qui offrent “les plus grandes chances de réussir”, se basant sur les indicateurs de réussite de l’Éducation nationale. Ces derniers, au contraire des indicateurs du bonheur et du bien-être, qui font défaut à l’école, ne manquent pas, tels les taux d’accès et de réussite au baccalauréat, la proportion des bacheliers parmi les sortants, la capacité de faire progresser les élèves ou la qualification du lycée en tant que “sélectif” ou “accompagnateur”. Chaque année, cette publication provoque d’immenses perplexités de la part de ceux qui, comme moi, s’interrogent sur leur légitimité : leur raison d’être initiale était de prendre la mesure de l’efficacité de ces établissements (essentiellement basée, pour les lycées, sur la réussite au bac), mais, avec le temps, ils provoquent une vraie hystérie, surtout chez les parents des classes sociales les plus aisées. De fait, s’assurer que son propre enfant fréquente un de ces lycées est devenu un sport auquel beaucoup de ces parents s’adonnent, poussés par le seul souci de la réputation (la leur, bien sûr, associée à celle du lycée en tête de liste). D’où vient cette manie de classer, de comparer et de mettre en compétition des écoles qui souvent n’ont rien en commun, sinon l’appellation de lycée, tandis que leur population, leur placement, leurs politiques éducatives sont complètement différents ? Cela renvoie à la vraie question sous-jacente, celle de la “réussite” : mais qu’est-ce que “réussir” aujourd’hui ? Par rapport à quoi ? À quel modèle de société, et finalement à quel modèle d’être humain ?

Il est curieux de constater que le concept de réussite est couramment associé à un "bon" résultat, tandis que sa signification d'origine ne renvoyait pas forcément à un aboutissement positif : lorsqu'on réussissait, l'issue pouvait être bonne ou mauvaise. C'est avec le temps que ce mot est devenu synonyme d'"issue couronnée de succès". D'ailleurs, étymologiquement, il dérive du latin *exire* qui veut dire "sortir de nouveau", un peu comme renaître à soi-même avec de nouveaux atouts, une nouvelle peau. Ainsi conçue, la réussite exprimerait donc parfaitement le rôle initiatique de l'éducation et de l'école qui, selon une telle vision, serait entre autres d'amener les êtres à naître une deuxième fois, en devenant des individus à part entière. Malheureusement tel n'est pas le cas, et cette notion porte aujourd'hui le poids des projections des uns et des autres : celles de parents souvent frustrés, pour lesquels la reconnaissance familiale a été un véritable problème ; celles des enfants eux-mêmes, qui se plient à leurs attentes pour éviter de les décevoir ; et, pour finir, celles de la société entière qui se fonde sur la fausse idée que, pour réussir dans la vie, il faut se battre contre tout et contre tous.

Les bonnes écoles étant donc fréquentées par les bons élèves, il est normal de se demander, dès lors, ce qui témoigne de leur "bonté" : si la réussite au bac constitue, comme on l'a vu, l'un des indicateurs principaux, il est d'autres éléments, cependant, qui font la fibre de ces individus voués au succès. Que se passe-t-il une fois le bac obtenu et qu'on entre dans une "bonne école" ? Qui sont ces "bons élèves" ? Les résultats d'une autre enquête, que j'ai menée en 2010 pour un laboratoire de recherche en pédagogie auprès des élèves d'une école d'ingénieurs en France (âgés d'entre 18 et 23 ans), constituent un exemple intéressant. L'enjeu était de dessiner le profil de ces étudiants, par des questions portant sur leur emploi du temps, leurs méthodes pédagogiques préférées et leurs centres d'intérêt. Car ces jeunes, mus par l'espoir de devenir un jour "des acteurs du progrès", comme ils le disent eux-mêmes, se heurtent assez rapidement à une réalité scolaire qui semble schizophrénique, avec d'une part la promesse de réussite et, d'autre part, la crise ambiante. "Comment vous imaginez-vous une fois cette école terminée ? Qu'est-ce que c'est, être ingénieur, aujourd'hui ?" ai-je commencé par demander, sachant que la préoccupation principale de mes commanditaires était de dégager de cette recherche le profil humain (et pas forcément "technologique") de l'élève. "Performant, compétent, qui affronte la réalité et arrive à la surpasser" : les propos de cet étudiant de troisième année, "dynamique, enthousiaste, qui sait apporter des innovations", résument la majorité des réponses... si ce n'est que, une fois interrogé sur la nécessité ou non d'avoir une conscience écologique, l'enthousiasme de l'étudiant diminue sensiblement : "Moi, l'écologie, ça ne me parle pas. Ce qui m'intéresse, c'est d'aller plus loin dans les technologies mobiles." Même dans le cas où cette conscience existe déjà, l'engagement est reporté dans le futur car la surcharge des études n'en laisse pas le temps : "Pour m'engager dans des causes, j'attends d'avoir un métier stable, maintenant je n'en ai pas le temps", me dit une autre étudiante de quatrième année. "Mais comment résoudre la crise en cours ?" lui ai-je demandé. "La crise ? Quand on sortira de l'école, elle sera finie ! De toute façon, nous, on n'est pas concernés, on n'est pas des économistes"... Sans avoir la prétention d'engager un débat approfondi sur la relation entre science et conscience, trop abstrait pour mes interlocuteurs, j'ai ressenti à ce point le besoin de pousser un peu plus la discussion sur le terrain de l'éthique, par une question directe posée à un autre étudiant : "Est-ce que ça te poserait un problème de conscience de participer, dans le futur, à l'élaboration d'armements ?" "Travailler à faire des armes ? m'a-t-il répondu. Non, ça ne me gênerait pas ! Personne n'a jamais prouvé que les armes soient inutiles et il en faut dans le monde. Qu'il y en ait un peu plus ou un peu moins, ça ne change rien. Si ce n'est pas moi qui le fais, un autre le fera !" Intriguée par cette réaction, j'ai voulu aller un peu plus loin, en distribuant aux élèves un questionnaire qui touchait une population plus large. À la même question posée par écrit, 59 % des étudiants a répondu "non" et 38 % "oui", ce qui représente un pourcentage assez élevé et donne à réfléchir... Pour confirmer, si besoin était, cette tendance au cynisme ambiant, voici les paroles d'un autre jeune, qui ne laissent aucune place au doute : "Ça fait un certain temps que j'ai mis ma conscience au placard...

Malheureusement, je regarde les infos et je me dis qu'il n'y a plus trop de place pour la conscience."

Ces élèves sont considérés, en majorité, comme de "bons élèves", qui ne posent pas de problèmes. Entrés sur concours dans ces grandes écoles, ils se présentent avec assiduité aux examens, participent aux activités extrascolaires, de préférence sportives, ont des notes rarement contestées, et acceptent le rythme imposé par un emploi du temps très serré. Surtout, ils ne se posent pas de questions gênantes. "À part le manque de temps, me dit un étudiant qui représente une association humanitaire dans cette école, la raison pour laquelle ces élèves ne se posent pas de questions, c'est qu'ils n'y sont pas habitués car ils sont dans un schéma trop scolaire, ils ne regardent pas au-delà de leur problème de maths." Voilà ce qui fait un "bon élève"! Cela est vrai pour cette école, mais aussi pour une majorité de parents et pour la société d'aujourd'hui. C'est peut-être la raison pour laquelle l'enquête, trop embarrassante pour tout le monde, s'est arrêtée là. Cependant, cette expérience a eu pour moi le grand mérite de mettre le doigt sur une plaie aujourd'hui ouverte : les critères qui définissent l'élève comme bon, ou même excellent, n'ont pas grand-chose à voir avec ceux qui construisent la structure d'un "bon être humain" : la conscience, la responsabilité, l'éthique, le respect pour la nature et pour les autres... Autant de qualités que de futurs fabricants d'armes ou de purs technocrates ne vous demanderont peut-être pas, mais qui sont devenues indispensables pour la survie de notre planète. Le moment est venu pour que l'école  pas seulement cette école d'ingénieurs (distinguée, bien évidemment, dans les palmarès de la presse), mais l'École en général  se pose la question cruciale de l'humain qu'elle accompagne dans sa construction. La réussite ou l'excellence ne sont pas à bannir, au contraire, mais à recadrer dans un contexte scolaire qui va recréer la confiance dans l'humain au lieu de la compétition ou de la course aux diplômes.

Au Québec, des chercheurs universitaires engagés ont placé cette question au centre de leur recherche, tels Pierre Demers[1], professeur honoraire d'éducation physique et sportive à l'université de Sherbrooke, et Charles Caouette[2], professeur honoraire de psychologie à l'université de Montréal. Tous deux continuent activement à contribuer, par des publications et des conférences, au débat sur l'amélioration du système d'éducation québécois, aujourd'hui traversé par un vent de crise. À ma question portant sur le sens (comment trouver du sens, se trouver soi-même, trouver sa voie à l'école ?), voici la réponse qu'apporte Pierre Demers : "Aujourd'hui on dit aux jeunes : « Regardez, il existe trois millions d'emplois potentiels pour vous ! » On les invite à regarder à l'extérieur d'eux-mêmes, alors qu'on devrait leur dire : « Regardez à l'intérieur de vous ! Qu'est-ce que vous voulez faire pour améliorer le monde dans lequel vous vivez ? » C'est seulement après qu'on peut leur demander : « Par quels moyens entendez-vous faire ça ? » Dans les systèmes scolaires actuels, on est prisonniers d'un paradigme politico-socio-économique. C'est un paradigme qui amène les gens à prendre une voie qui va les mener vers un emploi, plutôt que vers « leur voie ». C'est de la folie. Ce faisant, les jeunes se perdent à l'intérieur, et la possibilité qu'ils contribuent à changer le monde à partir de l'intérieur d'eux-mêmes se perd aussi."

La recherche du sens est une question existentielle profonde, à la base de tant de déviances chez ces jeunes qui "se perdent", y compris par le recours à la drogue, comme le fait remarquer Charles Caouette : "Il nous faut nous méfier davantage de la performance à tout prix, du stress et de la compétition malsaine et des effets pervers de l'excellence. Par exemple, on vient de révéler qu'en Australie environ 25 % des étudiants utilisent des drogues et des médicaments neurotropes pour accroître leurs performances lors des examens ! Arrêtons le massacre..."

1. Pierre Demers, *L'Humanité, de l'obscurité à la lumière*, Presses de l'université du Québec, 2011.
2. Charles Caouette est l'auteur de plusieurs ouvrages, dont *Éduquer. Pour la vie !*, Les Éditions Écosociété, Montréal, 1997. Il est aussi le fondateur des écoles alternatives Jonathan et Le Vitrail..

Au cours des 13 680 heures qu'un étudiant aura passées en classe à la fin de sa scolarité[1], l'école doit commencer aujourd'hui à proposer, dès l'entrée à l'école, des contenus et des activités qui amènent à se former une "conscience et une identité terrienne" ; c'est-à-dire une façon d'être citoyen du monde basée sur le respect des identités humaines et sur leur interaction, comme le préconisaient déjà, dans les années 1990, des chercheurs visionnaires tels le philosophe Edgar Morin ou l'éducateur Ettore Gelpi. Dans ce processus éducatif, affirmait ce dernier[2], "le droit d'être soi-même (langue, culture, poésie, luttes sociales, choix de sa propre joie et de son propre plaisir, etc.) est un aspect important de l'identité individuelle et collective". C'est un processus qui ne peut pas se faire de façon solitaire car "le respect de toutes les identités est le fondement d'une identité terrienne qui n'est pas basée sur la disparition des spécificités mais, au contraire, sur leurs interactions et le développement de chaque culture, de chaque langue et de chaque désir".

Le "choix de sa propre joie" et le "développement de chaque désir" dans le respect des joies et des désirs des autres rejoignent la vision qui fonde l'approche de l'éducation à la joie. Il peut sembler étrange d'associer un mot comme *éducation* à celui de *joie*, un terme qui évoque la légèreté, la cour de récréation ou les vacances plutôt que les bancs de l'école[3]. Pourtant, une des significations du mot *éduquer* est "tirer hors de[4]" : nous pourrions ainsi imaginer que, lorsqu'on éduque, la partie la plus généreuse des individus est soustraite à l'ombre pour être révélée en pleine lumière et, ainsi, contribuer à leur épanouissement. Ce faisant, on rendrait à l'éducation sa propre fonction

1. A raison d'une moyenne de 6 heures par jour 5 jours par semaine, 38 semaines par an, et ce pendant 12 ans.
2. Ettore Gelpi, *Conscience terrienne*, McColl Publisher, Florence, 1992. Pour en savoir plus sur ce personnage extraordinaire, peu connu du grand public, voir aussi le site http://www.ettoregelpi.net.
3. On doit cependant rendre justice au premier chercheur en sciences de l'éducation qui, en France, a osé associer le mot *école* à celui de *joie*, le philosophe Georges Snyders (1917-2011). Dans une œuvre intitulée *La Joie à l'école* (Puf, 1986), Snyders proposait pour l'école des contenus culturels rénovés, tendus vers une joie résultant de l'effort.
4. Le mot vient de deux verbes latins, *educare* et *educere*, l'un signifiant "nourrir, instruire", l'autre, "tirer hors de, conduire".

originelle qui est maïeutique car, comme la déesse grecque Maïa, elle nous aiderait à enfanter de nous-mêmes et à faire émerger ce qui me semble manquer le plus en ce moment de l'histoire de l'humanité, la joie de vivre. Qu'est-ce qui nous empêche d'atteindre ce but ? Qui a décrété que nous sommes nés pour souffrir et galérer, c'est-à-dire (étymologiquement) "condamnés à ramer" depuis les premiers jours de l'école pour entrer dans la folle compétition des bonnes notes, des meilleurs résultats au bac et aux examens en général, pour obtenir ensuite un "bon" travail, une "bonne situation" ? Pourquoi le "bon" travail ou même le succès ne devraient-ils pas être acquis comme des droits naturels, sans que nous soyons victimes depuis l'enfance des mécanismes d'exclusion psychologique ou sociale, sans que nous fassions depuis l'enfance l'expérience de la peur ?

"Souviens-toi de ta noblesse", nous dit Marie Milis, qui enseigne les mathématiques et l'éthique à des jeunes en difficulté, confrontés à des problèmes normalement réservés aux adultes, tels le sida, l'alcoolisme, la drogue ou la pauvreté. Professeur dans une école technique et professionnelle en Belgique, elle leur apprend à allier "la rigueur de la science et la magie d'un autre monde qu'[elle] rend possible[1]" par la pratique de l'*autolouange*, une méthode d'écriture poétique qui leur permet de créer des liens positifs avec eux-mêmes et avec les autres. "Je suis l'exception à la règle qui dit que personne n'est parfait", écrit Zahra. "Je suis une idée qui germe dans la tête d'un génie", ajoute Xavier... Petit à petit, ces jeunes osent se regarder avec les yeux de l'émerveillement, ils sortent de la logique qui les voudrait pliés, ratatinés face à des destins tracés d'avance et déjà pétris de difficultés.

Car l'école, comme la société dont elle est le miroir, excelle dans les techniques de dévalorisation. De plus, notre éducation tend au formatage pour nous confiner, comme le disait bien Christiane Singer[2], à "ces chambres mortuaires où s'essoufflent nos vies corsetées dans la norme, toutes occupées à

1. Marie Milis, *Souviens-toi de ta noblesse. La pratique de l'autolouange ou l'accouchement du cœur*, Le Grand Souffle, 2008.
2. Préface au livre de Ngo Semzara Kabuta, *Éloge de soi, éloge de l'autre*, Peter Lang, 2003.

ne pas fleurir, à ne pas rayonner, à ne pas dépasser les limites du possible et de l'impossible". Dans la peur, ce sont nos faiblesses qui émergent, plutôt que notre grandeur. Pourtant, c'est bien cette dernière qui nous ennoblit et nous fait pousser les ailes qui nous élèvent au-dessus de toute misère ; c'est par elle que nous pouvons "grandir en humanité" et devenir des êtres heureux. Nous pouvons aujourd'hui apprendre à le devenir. Notre véritable destin est lumineux, y parvenir par l'école n'est pas un rêve, au contraire : les hommes et les femmes passionnants qui ont témoigné tout au long de ce livre œuvrent déjà dans cette direction et en sont les porte-parole. Éduquer pour cette vision, en accompagnant les êtres dans un chemin d'évolution qui ne peut pas faire l'économie de la connaissance de soi, pour celui qui éduque autant que pour celui qui est éduqué, tel est l'enjeu politique, au sens le plus noble du terme, de l'éducation transmise dans les écoles où il fait bon aller.

### Ces écoles qui rendent nos enfants heureux

Il existe des écoles où les enfants sont heureux, des endroits où les pratiques de joie et de bonheur ne sont plus des exceptions. Je mettrais ici un *s* optionnel au mot *pratique*, qu'on peut entendre de deux façons. La première, au singulier, se réfère au fait que, dans les écoles qui vont être présentées dans ce livre, la joie et le bonheur sont une pratique quotidienne, un parti pris par les enseignants et les enfants qui les fréquentent. La deuxième, au pluriel, concerne des pratiques pédagogiques, c'est-à-dire des méthodes et des outils éducatifs que ces écoles ont développés, et qui soutiennent le choix du bonheur.

Ce que je propose ici, à la différence d'un guide des écoles alternatives, est d'amener plutôt le lecteur, par les exemples choisis, à réfléchir à la nécessité d'un changement dans le monde de l'éducation : tel est le parti pris de ce livre, qui n'a aucune prétention à la vérité absolue dans ce domaine. Les exemples qui y sont cités sont basés sur des philosophies et des visions éducatives originales et différentes et, pour certaines, élaborées il y a très longtemps par des pédagogues et éducateurs plus ou moins connus du grand public. Les écoles Montessori ou Steiner-Waldorf existent depuis plus d'un siècle et, tout en restant dans le système privé, sont désormais répandues aujourd'hui sur la planète entière, où elles ont formé des milliers d'enseignants et d'élèves. D'autres pédagogies sont moins connues. Il m'est arrivé de multiples fois d'entendre, dans la bouche de celle ou celui qui voulait me décrire une école à la pédagogie différente, une expression du type : "C'est une école *un peu* Montessori ou Steiner"... alors que, du point de vue de la pure théorie pédagogique, ces deux éducateurs n'ont pas beaucoup en commun, sinon le fait de placer l'enfant au centre du processus éducatif et de considérer son développement global, sans séparer le corps et l'esprit. En fait, on ne peut pas prendre "un peu" de chaque pédagogie sans en perdre la cohérence. Mais on peut par contre s'enrichir des unes et des autres. Nous allons donc en explorer quelques-unes par des exemples concrets, en sachant qu'une littérature spécialisée existe pour chaque méthode, chaque pédagogie et chaque pédagogue cités, littérature à laquelle je renvoie ceux de mes lecteurs qui voudront les approfondir. Les exemples retenus l'ont été parce que je les connais : j'ai visité ces écoles et j'ai rencontré directement des personnes (élèves, enseignants ou parents) impliquées dans ces expériences. J'en décrirai plus brièvement d'autres, dont je connais l'esprit et la pédagogie, aidée par le fait qu'elles ont souvent fait l'objet de l'actualité éducative.

# I

# DES MODÈLES QUI ONT FAIT LEURS PREUVES ET DES COURANTS ÉDUCATIFS NOUVEAUX

*L'éducation authentique ne se fait pas de A vers B, ni de A sur B, mais par A avec B, par l'intermédiaire du monde.*

PAULO FREIRE

Ce chapitre se veut un survol rapide des courants éducatifs alternatifs à notre système, qu'ils soient publics ou privés, pour introduire aux expériences concrètes qui seront décrites aux chapitres III et IV. "Qu'y a-t-il de meilleur chez nos voisins européens ? Qu'est-ce que les Américains ont inventé de nouveau que nous n'avons pas ? Pourquoi ces expériences, en France, restent-elles toujours alternatives ?" C'est pour tenter de répondre à ces questions fréquemment posées par tant de parents et d'enseignants préoccupés que je propose d'aller regarder d'autres modèles qui ont l'air de rendre les enfants (plus) heureux. Voici une sélection de ces courants, des mouvements qui ont fait leurs preuves ou de nouveaux réseaux (avec quelques exemples d'écoles) qui surgissent un peu partout dans le monde, et qui peuvent servir d'inspiration à tout chercheur.

## Montessori, Steiner et Freinet, ces pédagogies nouvelles qui ont cent ans...

Les pédagogies "différentes" les plus connues du grand public sont les pédagogies Montessori, Steiner et Freinet du nom de leurs fondateurs ou bien, en France, celles qui appartiennent au mouvement de l'Éducation nouvelle. Beaucoup a été dit sur ces écoles : nombreux sont les livres, les articles et les recherches universitaires qui, régulièrement, attirent l'attention sur le fait que ces méthodes, qui donnent des résultats plus que satisfaisants, restent pourtant toujours reléguées dans la catégorie des "alternatives". Ces pédagogies "nouvelles" sont plus que centenaires : pourquoi, pourrions-nous nous demander, sont-elles encore en marge du système ? Pour la chercheuse Marie-Laure Viaud, spécialiste de ce domaine[1], les raisons sont multiples, la première étant un manque de mobilisation citoyenne suffisante pour obliger l'Éducation nationale à accepter ce type d'enseignement. La seconde résiderait dans le fait que ces écoles sont mal connues et continuent à susciter un "certain effroi" dans l'opinion publique. La troisième est, toujours selon Marie-Laure Viaud, *aussi* politique : ces pédagogies forment des esprits critiques, mettent l'accent sur la responsabilité individuelle et collective : "En un mot, affirme-t-elle, elles forment des citoyens capables d'une contestation active de la société[2]." On ne peut qu'en convenir, à une nuance près : la question est *d'abord* politique, et seulement ensuite de l'ordre d'une mauvaise communication ou mobilisation.

Des observations réalisées dans les écoles de pays étrangers, on tire un autre constat : la crise de l'éducation existe en Europe comme en Afrique, en Occident comme en Orient, étant donné que partout les gouvernements proposent le même système scolaire, basé sur le même modèle éducatif. La question posée en amont pourrait ainsi être renversée : "Pourquoi le système est-il si imperméable à ces méthodes ?" Parce que l'école reproduit le système qui, lui, n'a aucune envie de changer, pourrait-on rétorquer, ce qui nous ramène directement aux thèses contestataires de Paulo Freire, pour qui l'éducation instituée est celle des dominants, l'instrument privilégié de la perpétuation du système, qui soutient le statu quo. Si l'on "contextualise" sa vision (c'est-à-dire si l'on met de côté les considérations politiques et sociales de l'époque sur la condition des paysans opprimés au Brésil), elle demeure entièrement valable, surtout quand Paulo Freire affirme qu'aucun type d'éducation n'est neutre et qu'il critique le modèle classique, dans lequel le savoir est transmis de manière verticale et autoritaire. Dans ce cas, l'enseignant est le seul dépositaire du savoir légitime, qu'il impose à ses élèves. Ce type d'éducation repose sur une vision de l'homme comme objet malléable, que l'on maintient dans

1. Marie-Laure Viaud, *Montessori, Freinet, Steiner... une école différente pour mon enfant ?*, Nathan, 2008. Lire aussi, de Catherine Piraud-Rouet, *Écoles différentes. Des pédagogies pour grandir et apprendre autrement*, Fabert, 2010.
2. Marie-Laure Viaud, *op. cit.*

un état de "conscience magique" ou de "conscience naïve". Cette thèse politique était aussi celle d'Ivan Illich qui, dans son ouvrage *Une société sans école*[1], accusait ouvertement l'école de formater l'enfant à une société inégale, injuste et manipulée[2]. C'était la réalité des années 1960-1970, mais c'est encore celle du monde actuel : la donne n'a pas changé.

Si nous revenons donc à nos propos (et dans les murs de l'école), on ne peut que constater une résistance presque constitutionnelle face à ces modèles si "différents" : constructivistes, différenciés, interactifs, etc. "Leurs propositions remplissent les bibliothèques depuis vingt, cinquante, voire cent ans ! Accuser les manques de la formation initiale pour expliquer leur peu de succès, n'est-ce pas un peu court ?" se demande Philippe Perrenoud dans son livre *La Formation des enseignants, entre théorie et pratique*[3]. On pourrait lui opposer que beaucoup de systèmes publics des pays européens et occidentaux ont introduit, adopté et par conséquent adapté quelques unes de ces méthodes actives, principalement aux niveaux préscolaire et primaire. Toujours en France, les pratiques "mises en œuvre dans les classes des établissements « ordinaires » par des enseignants isolés [...] concernent essentiellement l'enseignement primaire public, où l'on compte notamment quelques milliers d'instituteurs affiliés au mouvement Freinet[4]." Mais cela est loin d'être suffisant pour qu'il y ait un changement profond et durable dans le monde de l'éducation. C'est pourquoi ce livre propose une véritable mobilisation citoyenne afin que toutes les pédagogies différentes (y compris les centenaires que sont Montessori ou Freinet), qui œuvrent pour le bien-être de nos enfants, entrent de plein gré dans

1. Ivan Illich, *Une société sans école*, Seuil, 1971. L'école est devenue, selon Illich, une "religion universelle" qui témoigne de l'héritage qu'elle a reçu d'une autre institution, l'Église, pour laquelle ses services et ses ministères étaient l'unique voie vers le salut. À ce propos, il écrit : "Chaque peuple eut ses danses de la pluie et ses rites d'initiation, mais jamais un rituel qui clamait sa validité universelle, une procédure se présentant elle-même comme destination inévitable pour tout le monde, dans tous les pays."
2. Voir aussi, de M. Gajardo, "Ivan Illich (1926-2005)", *Perspectives : revue trimestrielle d'éducation comparée*, Unesco-Bureau international d'éducation, vol. XXIII, n° 3-4, 1993.
3. Philippe Perrenoud, *La Formation des enseignants, entre théorie et pratique*, l'Harmattan, 1994.
4. Marie-Laure Viaud, "Écoles différentes : combien de divisions ?", *Le Monde de l'éducation*, n° 360, juillet-août 2007.

nos écoles. Pour les connaître un peu mieux, j'en propose donc ci-dessous une brève description, en renvoyant à la vaste littérature existante[1].

*Les écoles Montessori*

Les écoles Montessori ont un rayonnement grandissant, qui évolue au fil des années, franchit les frontières culturelles et s'adapte à de nouveaux territoires et pays. Nombreuses sont les écoles Montessori, par exemple, en Inde ou en Afrique noire, ou encore dans certains villages de nos pays européens : aujourd'hui, on en compte 22 000, réparties sur les six continents. Car la pédagogie Montessori a la capacité de se mondialiser sans "perdre son âme", et tout en répondant aux souhaits visionnaires de sa fondatrice qui voulait une méthode d'éducation universelle, centrée avant tout sur l'épanouissement et le bien-être de l'enfant. Bien évidemment, cela dépend souvent des moyens mis à disposition de l'établissement : de ce fait, une école Montessori dans un village en Inde n'est pas tout à fait la même que dans le 16e arrondissement de Paris. Par exemple, le matériel de jeu et d'apprentissage utilisé au niveau de la maternelle et du primaire est très sophistiqué et coûte très cher. N'en déplaise aux puristes, dans le village indien on se sert de matériel fabriqué sur place, qui donne des résultats plus ou moins satisfaisants du point de vue de la perfection des emboîtements ! Peu importe, car ce qui est fondamental est l'esprit que cette pédagogie peut véhiculer dans des endroits si différents, chez les plus petits comme chez les plus grands. C'est un esprit d'autonomie, dans une atmosphère concentrée, sous les yeux d'un maître bienveillant. L'autonomie s'atteint, selon Maria Montessori, par un travail individualisé, personnalisé, ce qui n'exclut pas la possibilité du travail collectif, avec des règles de vie responsabilisantes. Cette pédagogie se fonde cependant sur le rôle de l'enseignant en tant qu'autorité reconnue. Il s'agit bien sûr d'une autorité bienveillante, ouverte et attentive aux rythmes et aux besoins des élèves, mais toujours d'une autorité. C'est peut-être ce qui

1. Le livre de Marie-Laure Viaud *(op. cit.)* contient des tableaux comparatifs des pédagogies Montessori, Steiner, Freinet aux différents niveaux de scolarisation.

permet l'existence d'écoles Montessori qui comptent des milliers d'élèves, comme celles de Calcutta (vingt-cinq écoles) et de Chennai (une dizaine), en Inde. La plus impressionnante est probablement la City Montessori School (CMS) de la ville de Lucknow (dans l'État indien de l'Uttar Pradesh).

Fondée en 1959, la CMS n'est pas une école comme les autres. Avec ses 25 000 élèves de la maternelle au supérieur, elle figure dans le livre Guinness des records au titre de "plus grande école privée du monde", par l'excellence de son enseignement les résultats des élèves aux examens sont systématiquement supérieurs aux moyennes nationales mais, surtout, par sa philosophie : depuis plus de quarante ans, elle inculque à ses élèves les valeurs de tolérance et de paix, et vise à en faire des citoyens du monde. Ses fondateurs, Jagdish et Bharti Gandhi, inspirés par la non-violence du Mahatma Gandhi[1], ont développé ce projet autour de quatre piliers fondamentaux : les valeurs universelles, l'excellence, la compréhension globale et le service à la communauté. L'objectif de l'école est de donner aux élèves des compétences qui leur permettent d'affronter les problèmes complexes du monde d'aujourd'hui, par la confiance accordée à chaque enfant, par le développement du sens de la responsabilité, par l'enseignement théorique et pratique de valeurs morales, et enfin par l'ouverture sur les autres religions et cultures. L'école sensibilise aussi les parents en leur distribuant des livres sur leur rôle éducatif et en les associant étroitement à la vie qui s'y déroule, tandis que les enseignants bénéficient d'une formation permanente en ce qui concerne les principes directeurs, par exemple le développement de l'enfant, la psychologie et la sociologie. Chaque enfant a un tuteur qui entretient une relation personnelle avec sa famille. La place donnée à la recherche pédagogique est fondamentale dans cet établissement, qui a institué un "département de l'innovation" qui emploie vingt-cinq personnes. Leur principe est d'importer le meilleur de chaque théorie ou pratique éducative,

1. La relation d'amitié qui existe entre Maria Montessori et l'Inde est peu connue en Europe. Depuis les années 1920, les écoles Montessori se sont multipliées à Bombay, Calcutta ou Hyderabad. Un des premiers soutiens de Maria Montessori fut le Mahatma Gandhi, qui l'avait rencontrée à Londres où il avait visité l'institut Montessori en 1931. Rabindranath Tagore s'est également inspiré de cette méthode lorsqu'il a créé l'institution éducative qu'il a nommée "École Tagore-Montessori".

de quelque pays que ce soit, sans rester figé uniquement sur la méthode initiée par Maria Montessori, mais en y introduisant des contenus divers et plus modernes, tels que, par exemple, la robotique et l'informatique, ou encore le système de tutorat et les méthodes de gestion[1].

*City Montessori School (CMS)*
*Lucknow (Uttar Pradesh)*
*http://www.cmseducation.org*

La pédagogie Montessori s'adapte bien à des contextes culturels et sociaux divers. Il n'est donc pas rare de trouver aussi des écoles publiques qui ont adopté le matériel Montessori pour l'apprentissage des petits (telles les écoles italiennes de Reggio Emilia, dont il sera question plus loin) ou qui ont fait de l'environnement et de l'écologie leur philosophie centrale, tout en ne dérogeant pas à la vision d'autonomie de l'enfant développée par Maria Montessori. Tel est le cas, par exemple, de l'école *La Ferme des Enfants*, dans l'éco-village du hameau des Buis, en Ardèche. C'est une "pédagogie de l'autonomie" et de la bienveillance que propose cette école, où les enfants apprennent selon les cycles d'âges définis par Maria Montessori 3-6 ans et 6-12 ans pour le primaire. Les éducateurs sont aussi formés à des outils complémentaires, tels que la communication non-violente pour stimuler chez les élèves l'empathie, parallèlement au développement de la tête, des mains et du cœur. Cette école en pleine nature, où les enfants apprennent à connaître les animaux et les plantes, reste ancrée dans une vision pédagogique qui, bien qu'alternative, est assez traditionnelle. "Bien que profondément inspirée par de telles pédagogies, [elle] ne se situe pas parmi les écoles qui font la promotion de la liberté totale de l'enfant (telles

1. Lorsque, en 1990, des affrontements eurent lieu entre musulmans et hindous, à quarante kilomètres de la ville, les enfants et leurs parents défilèrent pour l'unité et l'école orchestra une rencontre entre les responsables religieux de la ville. Pendant que la violence se répandait dans plusieurs villes voisines, Lucknow devint une exception. C'est l'une des raisons pour lesquelles cette école a reçu en 2002 le prix Unesco de l'éducation pour la paix.

que Summerhill, le mouvement des écoles démocratiques, les écoles Sudbury, etc.)", explique la présentation de l'école. À la Ferme des Enfants, la liberté s'appuie sur des fondements structurés, à partir desquels elle peut s'incarner. C'est une liberté à conquérir : "Ainsi, la Ferme des Enfants est un immense champ d'expérimentations étudiées et remises en question d'une manière collective au cours du conseil d'enfants. De ces constats émergent les règles et les principes de l'école, qui donnent ses contours à la liberté." Pour mieux connaître l'aventure de cette école singulière, il faut lire le livre de Sophie Bouquet-Rabhi, qui porte le nom même de l'école, *La Ferme des Enfants*, et où elle nous offre un témoignage passionnant d'enseignante, de pédagogue, de mère et de citoyenne[1].

*La Ferme des Enfants*
*Hameau des Buis*
*Chaulet-Casteljau*
*07230 Lablachère*
*http://www.la-ferme-des-enfants.com*

*Les écoles Steiner-Waldorf*

Du point de vue historique et structurel, les écoles Steiner-Waldorf ont des éléments communs avec d'autres pédagogies "alternatives[2]" :

- L'autonomie économique et du point de vue des programmes, qui sont centrés sur l'enfant, et où parents et enseignants œuvrent ensemble dans l'intérêt de l'épanouissement de celui-ci ;
- Une atmosphère familiale avec les éducateurs (imitation du maître ; expérience de la collectivité ; évolution marquée par les rythmes de la vie) ;
- L'absence de système de notation et de redoublement ; c'est le développement "génético-organique" de l'enfant qui oriente le choix des programmes d'étude ;

1. Sophie Bouquet-Rabhi, *La Ferme des Enfants. Une pédagogie de la bienveillance*, Actes Sud, 2011.
2. Voir Heiner Ullrich, "Rudolf Steiner (1861-1925)", *Perspectives : revue trimestrielle d'éducation comparée* (Unesco-Bureau international d'éducation), vol. XXIV, n° 3-4, 1994.

- L'équilibre entre activités cognitives, artistiques et techniques ;
- Le fait que l'enseignant se considère avant tout comme un éducateur ;
- La présence d'une direction collégiale (pas de directeur).

Les propos qui suivent se basent d'une part sur la connaissance directe d'élèves et d'enseignants Steiner-Waldorf et, d'autre part, sur deux thèses de doctorat[1] qui ont approfondi l'analyse de cette pédagogie sous des angles complémentaires mais différents. Il faut aussi citer le Rapport collectif sur cette pédagogie[2], réalisé en France en 2008 après trois ans d'enquête. Ces travaux parcourent l'histoire du mouvement Steiner-Waldorf en comblant partiellement la lacune que l'on constate en France, dans la recherche en sciences de l'éducation, au sujet de ce système éducatif, au contraire de ce qui existe en Allemagne. Ce qui émerge de ces recherches est d'abord la nature spirituelle de cette approche, où l'art est au centre du processus éducatif : "Si la dimension spirituelle dans sa partie la plus mythologique reste encore largement à questionner sur le plan éducatif, l'expression artistique demeure, à coup sûr, une des innovations les plus remarquables de la pédagogie contemporaine[3]."

La conception spirituelle de l'être humain, la nature de l'homme sont à la base de toutes les activités éducatives dont l'objectif ultime est l'intégration harmonieuse de l'entité spirituelle (âme-esprit) et de l'entité physico-corporelle de l'être humain[4]. Pour Rudolf Steiner, l'enseignant travaille avec les forces spirituelles concentrées dans le moi de l'individu (son esprit), par lesquelles on peut accomplir un véritable travail de transformation sur l'entité humaine.

1. Thèses dirigées par le professeur René Barbier et consultables en ligne, de Yolanda Ramirez, *L'Enseignement en tant qu'art dans le curriculum Waldorf*, décembre 2006, Sciences de l'éducation, Paris-VIII (http://www.steiner-waldorf.org/index.html), et Rebecca Shankland, *Adaptation des jeunes à l'enseignement supérieur. Les pédagogies nouvelles : aide à l'adaptation ou facteur de marginalisation ?*, juin 2007, Psychologie clinique et psychopathologie, Paris-VIII (http://www.steiner-waldorf.org/index.html).
2. Jacques Dallé (coord.) *et al.*, *Art et spiritualité dans la pédagogie Waldorf-Steiner : une recherche-action*, éditions de la Fédération des écoles Steiner-Waldorf en France, 2008. Ouvrage collectif réalisé par l'université Paris-VIII et la Fédération des écoles Steiner-Waldorf en France.
3. Yolanda Ramirez, *op. cit.*
4. Cité par Heiner Ullrich, *op. cit.*

Sa conception de l'homme se reflète dans cette pédagogie, au sens où l'éducation doit tenir compte du développement de l'enfant dans son ensemble. En tant que fondateur de l'anthroposophie, philosophie sur laquelle se base l'éducation, Steiner considère que "derrière le monde visible existe un monde invisible qui est tout d'abord caché aux sens, ainsi qu'à la pensée liée à ces sens", et qu'"il est possible à l'homme de pénétrer dans ce monde caché s'il développe certaines facultés qui sommeillent en lui[1]".

En Allemagne, où les écoles Steiner-Waldorf sont nombreuses et représentent une alternative aux établissements publics et confessionnels, le débat sur cette pédagogie, très actif, accueille en son sein des positions contrastées. Les critiques se focalisent sur le poids donné à ce que Heiner Ullrich appelle la "néo-mythologie occulte de l'éducation[2]" véhiculée par l'anthroposophie. Elles mettent en garde contre les risques d'endoctrinement qui en découlent, comme le souligne également une enseignante interviewée par Yolanda Ramirez : "Le danger dans notre pédagogie [...], c'est le dogmatisme et le fondamentalisme [...] ce sont deux choses qui vont d'ailleurs souvent ensemble [...] c'est-à-dire d'essayer de tirer des règles absolues, strictes et définitives, des préceptes, des recettes et aussi de l'enseignement de Steiner." Cependant, comme toutes les recherches et les enquêtes de terrain s'accordent à le dire, cette pédagogie a amplement fait ses preuves en démontrant qu'elle sait former des enfants épanouis, selon une approche complète qui inclut l'art, les travaux manuels, le contact avec la nature et d'autres pratiques "actives". De plus, pour ceux que préoccupent les taux de résultats au bac, la moyenne de ces écoles est supérieure à celle des écoles publiques. On ne peut donc pas épouser les thèses des détracteurs de la pédagogie Steiner, qui, en France, sont allées jusqu'aux accusations infondées de sectarisme  accusations qui, après enquête, ont été rétractées[3].

1. Jacques Dallé, *op. cit.*
2. Heiner Ullrich, *op. cit.*
3. Le rapport parlementaire *Les Sectes et l'Argent* (juin 1999) incluait les écoles Steiner Waldorf dans sa "liste noire". L'anthroposophie était classée parmi les mouvements sectaires et les écoles Steiner, accusées d'"apprentissage tardif de l'écrit et du calcul" et du fait que les parents étaient

Invitée à débattre sur l'éducation à la joie lors du forum "Éduquer pour élever les consciences… Bâtir l'école de demain !", qui se tenait aux Amanins[1], j'ai demandé au professeur Henri Dahan, délégué général de la Fédération des écoles Steiner-Waldorf en France : "Comment savoir si les enfants dans vos écoles sont heureux ?" S'appuyant sur son expérience pédagogique de vingt-six ans, il m'a donné la réponse suivante, qui ne fait que conforter l'image des écoles Steiner comme lieu d'épanouissement non seulement pour les petits, mais aussi pour le public d'élèves le plus difficile au monde, les adolescents :

*Henri. Je pense qu'à cet âge particulier de l'adolescence, la joie est quelque chose de très intime. Si l'on fait écouter de la musique à des petits enfants, ils manifestent leur joie en dansant. Pas les adolescents ! Et c'est bien ainsi. Car c'est pour eux une question d'intimité. Comment puis-je reconnaître si des jeunes gens sont en train de vivre un moment de joie ? Je crois pouvoir le lire dans leur concentration, leur attention, leur présence. Je peux le voir au fait qu'ils posent des questions. Quand un adolescent commence à poser des questions, c'est qu'il se passe quelque chose comme un remue-ménage à l'intérieur de lui : il est en train d'ouvrir un espace. Mais je peux aussi éveiller un sentiment de joie en lui si je contemple son œuvre. Il n'en faut pas beaucoup. Quand les élèves ont réalisé quelque chose, ils me demandent souvent, comme s'ils voulaient seulement s'informer : "Vous avez regardé notre travail ?" Cette question toute simple est un signe qui ne trompe pas. Et les élèves éprouvent de la joie quand on a reconnu leur effort pour s'élever, dans leurs petites comme dans leurs plus grandes productions.*

*Nos élèves réalisent en fin de scolarité un travail de fin de cycle, souvent appelé "chef-d'œuvre", un travail personnel, qui exige de chacun qu'il se lie profondément à un thème de travail qu'il choisit et qu'il porte à un certain degré d'achèvement. La joie intime issue de cet engagement est renforcée par la reconnaissance de son œuvre par*

"contraints par les tarifs inabordables des écoles à travailler pour l'anthroposophie". Les écoles, ayant fait appel au tribunal, ont gagné et la véridicité du rapport ministériel a été remise en cause.

1. Forum "Éduquer pour élever les consciences… Bâtir l'école de demain !", Les Amanins, La Roche-sur-Grane (Drôme), 21 avril 2012.

*un large public à qui il doit la présenter courageusement : c'est pour lui une sorte de rite de passage, source de joie profonde.*
*Je vaudrais ajouter une observation relative au rôle de l'enseignant, qui, selon Steiner, consiste surtout à "déblayer" les obstacles que les enfants rencontrent au cours de leur développement. Il ne s'agit pas de les priver de toutes les résistances, ce serait une très mauvaise interprétation de cette idée. Les obstacles peuvent être inhibants, peuvent empêcher de faire une démarche, alors que les résistances au contraire la forgent. C'est parce que j'ai franchi une résistance que je trouve la joie d'avoir réussi !*

*Fédération des écoles Steiner-Waldorf en France*
*36, rue Gassendi*
*75014 Paris*
*http://www.steiner-waldorf.org*

*L'Éducation nouvelle et les écoles Freinet*

"J'appelle Éducation nouvelle un mouvement pédagogique contemporain qui n'est nouveau que parce qu'il s'adapte aux besoins nouveaux de la société d'aujourd'hui. Il n'est point théorique mais pratique. Il s'est affirmé tant en Europe qu'en Amérique par la création de cent écoles nouvelles qui, toutes, rompent avec une routine séculaire et tendent à rendre l'instruction et l'éducation à la fois plus psychologique et plus sociale. Ce mouvement pédagogique est né d'un double besoin et tend à un double idéal : 1) adapter les moyens pédagogiques à la nature des enfants, 2) préparer la jeunesse à la vie sociale, intellectuelle et morale contemporaine", écrivait le pédagogue Adolphe Ferrière en 1911[1].

Descendant en ligne directe du mythe de l'"enfant bon" de Rousseau, l'Éducation nouvelle allait révolutionner le monde de l'éducation : grâce à elle, on commence ainsi à considérer l'enfant non plus comme un objet, mais

1. Adolphe Ferrière, *Trois pionniers de l'Éducation nouvelle*, Flammarion, 1928.

comme un sujet, et la relation éducative entre l'élève et le maître est centrale. De Pestalozzi (1746-1827) jusqu'aux associations réparties dans le monde actuellement, mais surtout en France (le Groupe français d'éducation nouvelle [GFEN], la Fédération internationale des mouvements d'école moderne [FIMEM], l'Association d'Éducation nouvelle [AEN], etc.) en passant bien évidement par Édouard Claparède (1873-1940), John Dewey (1859-1952), Célestin Freinet (1896-1966), Roger Cousinet (1881-1973) et tant d'autres, l'Éducation nouvelle a un long et riche passé. Mon intention ici n'est pas d'en parcourir l'historique ni de la définir car, pour reprendre les mots de Cousinet, l'un de ses fondateurs en France, "l'Éducation nouvelle ne comporte pas un système, une organisation, un ensemble de règles, de procédés, de méthodes. Elle est essentiellement un esprit pour l'éducateur, un mode de vie[1]". Pour les non-spécialistes des sciences de l'éducation à qui ce livre s'adresse, il est important de souligner qu'il s'agit bien d'un esprit, d'une vision. C'est pourquoi on trouve, dans la liste de ses adhérents, les noms de Montessori ou de Freinet, même si les écoles qui portent leurs noms actuellement n'appartiennent pas toutes à ce mouvement.

En effet, le terme "nouvelle", qui qualifie désormais cette éducation à perpétuité, rappelle qu'elle s'applique à une réalité essentiellement mouvante, "moderne", disaient ses fondateurs, "complexe", dirait-on peut-être aujourd'hui. Ces pédagogues des siècles passés se sont donc efforcés de trouver une sorte de règle objective, une norme générale et universelle, valable pour tous les temps. Ce qui est intéressant ici, c'est de comprendre les raisons de sa modernité : seraient-elles à trouver dans le fait qu'elle se fonde sur le développement global de l'individu ? ou qu'elle se réfère à la dimension intégrale de l'être ? Dans le souci de mieux cerner cette question, il m'a semblé important d'apporter un exemple concret : celui de la Source, une "école nouvelle" de Meudon (Hauts-de-Seine). L'enseignement de la Source couvre aujourd'hui de la maternelle jusqu'au baccalauréat. Voici ses principes

1. Roger Cousinet, *L'Éducation nouvelle*, Delachaux et Niestlé, 1950.

fondateurs, tels que les avait formulés, en 1951, François Chatelain[1] dans la revue *L'École nouvelle* :

- Avoir une vision juste de l'enfant ;
- Mobiliser l'activité de l'enfant ;
- Être un "entraîneur" et non un "enseigneur" ;
- Partir des intérêts profonds de l'enfant ;
- Engager l'École en pleine vie ;
- Faire de la classe une vraie communauté enfantine ;
- Unir l'activité manuelle au travail de l'esprit ;
- Développer chez l'enfant les facultés créatrices ;
- Donner à chacun selon sa mesure ;
- Remplacer la discipline extérieure par une discipline intérieure librement consentie.

Comme on peut le voir, le mythe de l'enfant libre, heureux d'apprendre avec les autres, créateur d'un monde nouveau, est toujours présent : "Dites bien, rappelait Cousinet dans un témoignage, que le mot le plus important dans une méthode de travail libre, ce n'est pas le travail, ce n'est pas le groupe, c'est *libre*." Car l'Éducation nouvelle est pour lui un moyen de rendre les hommes libres : "Être libre, ce n'est pas seulement ne pas être contraint, c'est être placé dans un milieu où on puisse trouver les éléments nécessaires à la vie. [...] De quoi l'enfant a-t-il besoin pour vivre ?" se demandait-il en 1937[2]. Dans un ouvrage collectif, *La Source, école de la confiance*[3], des enseignants et des pédagogues du mouvement de l'Éducation nouvelle dessinent l'historique de cette école en retraçant les étapes qui se sont succédé jusqu'à nos jours. C'est l'histoire d'une école qui traverse les temps tout en cherchant à rester le plus possible fidèle à sa vision fondatrice, avec plus ou moins de résultats. Par exemple, il est évident que les contraintes actuelles imposées par l'association avec l'État (l'école est sous contrat) ont provoqué, surtout au niveau du secondaire, la perte en cours

1. Il a fondé la Source avec Cousinet.
2. Jeanne Houlon et Philippe Cibois, *La Source, école de la confiance*, Fabert, 2007.
3. *Ibid.*

de route de certaines des méthodes révolutionnaires de cette pédagogie. Qu'en est-il, par exemple, du "travail libre par groupes", condition *sine qua non*, selon Cousinet, de l'épanouissement individuel ? La balance penche aujourd'hui trop vers les cours "normaux" et le travail autonome (ou TA), autre pierre fondatrice de cette pédagogie, cède la place à des emplois du temps de plus en plus serrés, surtout au lycée. Qu'en est-il également de la liberté des enfants qui y est proclamée, lorsqu'on réintroduit dans l'enseignement les bulletins d'évaluation à la fin des trimestres, les notes sur vingt, les devoirs après la classe ?... Et, enfin, quelle est la correspondance entre les autres valeurs affichées (confiance, autonomie, respect, etc.) et leur existence *effective* au sein de l'école ? Les élèves de la Source sont-ils heureux, pourrions-nous demander, selon le sens du bonheur global que nous avons adopté ici ? Les questions que je pose ne veulent pas susciter une critique stérile, mais partent d'une considération : de la difficulté qu'il y a, aujourd'hui, à jongler entre des idéaux magnifiques (ceux de l'Éducation nouvelle qui, s'ils sont appliqués à la lettre, œuvrent pour le bien-être des élèves) et la pression de ces parents d'élèves qui n'y adhèrent pas tout à fait ou ne les comprennent pas (ils inscrivent leurs enfants à cette école souvent par commodité géographique ou dans un souci d'homogénéité sociale). Le problème n'est pas insoluble : la majorité des établissements privés le rencontrent dès qu'ils font la démarche pour devenir des écoles sous contrat d'État. Dans cette recherche d'équilibre, beaucoup d'entre eux perdent leur identité, d'autres non : la question est donc ouverte...

ANEN, *Association nationale pour le développement de l'Éducation nouvelle*
*http://www.anen.fr*

Pour continuer ce bref tour d'horizon dans le monde de l'éducation alternative, il me faut nommer ici d'autres écoles "différentes", et en premier lieu celles qui appartiennent au mouvement Freinet et à la Pédagogie institutionnelle (PI) de Fernand Oury. Il est néanmoins important de considérer, comme on l'a déjà vu auparavant, que Célestin Freinet lui-même avait adhéré à l'Éducation nouvelle, tout en développant sa propre pédagogie. Sa particularité consiste à stimuler le travail coopératif sur la base de l'intérêt des élèves. À la différence d'autres pédagogies, la relation maître-élève pratiquée dans ces écoles est presque paritaire : "L'autorité n'émane pas de l'enseignant, mais du groupe-classe qui prend les décisions par les biais d'un conseil", affirme Marie-Laure Viaud à ce propos[1]. C'est une vision éminemment politique parce qu'elle renverse carrément la posture maître-élève vécue comme un rapport de pouvoir, même bienveillant, dans les écoles Montessori ou Steiner-Waldorf. De ce fait, Freinet apporte à l'éducation une vision militante, qui œuvre pour l'émancipation de l'individu. C'est pourquoi le développement de l'esprit critique des enfants est au centre de la philosophie éducative, et on cherche à le stimuler par des techniques diverses et variées (et non par une méthode préétablie, comme dans les deux autres courants).

Ceci est donc la prérogative fondamentale de cette approche, qui s'est avérée assez populaire, surtout en France. Ainsi, beaucoup d'écoles maternelles et primaires de l'Éducation nationale appliquent certaines techniques empruntées à Freinet, telles que la "causette", le "quoi de neuf", le conseil, les rituels de la journée, les carnets, les ceintures de couleur, etc. Si l'ambiance s'améliore sensiblement et si les conflits se calment, le risque demeure cependant de rester à la surface du problème, en apportant de petites touches de changement dans un milieu qui, par contre, ne change pas dans le fond. Pour pallier cela, il existe aujourd'hui, outre des écoles privées Freinet et de Pédagogie institutionnelle, des réseaux d'enseignants et d'éducateurs formés à ces pédagogies, qui exercent dans les écoles publiques. Puisque l'union fait la force, on pourrait espérer qu'ils deviennent de plus en plus nombreux pour réussir à faire basculer définitivement le système d'enseignement traditionnel.

*ICEM, Institut coopératif de l'École moderne pédagogie Freinet*
*http://www.icem-pedagogie-freinet.org*

1. Marie-Laure Viaud, *op. cit.*

*D'autres écoles "différentes"*

Pour conclure ce tour d'horizon, il ne faut pas oublier une expérience toute française, qui s'inspire de l'Éducation nouvelle : les Maisons familiales rurales (MFR). Dans ces écoles professionnelles, toutes placées dans un environnement naturel, les jeunes adolescents (internes) apprennent l'élevage, les métiers de l'agriculture, l'écologie, mais aussi les matières classiques, pour devenir, par exemple, experts-comptables ou assistants sociaux. Ce qui est intéressant dans ces écoles, dont la devise est "Réussir autrement", c'est la démarche intégrale qui fonde leur vision. Le principe éducatif d'"unir l'activité manuelle au travail de l'esprit" est profondément respecté, ainsi que la recherche de l'équilibre entre l'individu et la nature. La coopération et la responsabilisation des élèves sont également à la base de cette pédagogie et les éducateurs-moniteurs ont un rapport direct avec eux. Ces établissements ont bonne presse chez tous ceux qui se préoccupent de l'épanouissement des jeunes qui les fréquentent. C'est tout un esprit de bienveillance et d'écoute que l'on peut entrevoir dans les mots de ce directeur des Maisons familiales rurales : "Dans le temps de travail au centre, nous n'avons avec ces jeunes ni programme ni référentiel, nous essayons de nous adapter à eux. Les enseignants sont peu nombreux et interviennent de façon polyvalente. [...] L'emploi du temps n'est pas structuré par une succession de disciplines, mais par des thèmes : la connaissance de l'entreprise, les questions qui se posent aux jeunes à partir de leur expérience de travail, et par des sujets tirés de la vie sociale (sexualité, drogue, santé, sport, etc.), à partir desquels il est possible d'articuler un programme de français, de biologie, de législation[1]." Il y a environ 500 Maisons familiales rurales en France, qui accueillent près de 65 000 jeunes.

*Guide L'Étudiant, 2006 : Réussir autrement sa formation dans les Maisons familiales rurales*
*http://www.mfr.asso.fr*

1. Cité par Cécile Delannoy, *Élèves à problèmes, écoles à solutions ?*, ESF, 2000, ainsi que par Marie-Laure Viaud *(op. cit.)*.

En ce qui concerne les autres écoles différentes, celles qui n'appartiennent ni aux mouvements alternatifs historiques que l'on vient de nommer, ni à l'enseignement confessionnel (qu'on a pris le parti de ne pas explorer ici), on peut affirmer qu'elles sont nombreuses : tous les jours il en naît de nouvelles, sous des formes inédites, originales, expérimentales. Pour compléter la vision d'ensemble de ce mouvement de renouveau qui investit actuellement toute la planète, je présenterai ci-dessous les plus représentatifs de ces nouveaux courants, en France et à l'étranger.

## Le modèle scandinave

Dans les statistiques et les recherches internationales des sciences de l'éducation, les pays du Nord de l'Europe ont fait parler d'eux à plusieurs reprises. Leurs écoles attirent l'attention d'un public grandissant, avec des reportages à la télé et des publications qui les présentent régulièrement comme des exemples sur la scène internationale. Il serait utile ici de comprendre un peu plus ce que le modèle scandinave propose. Voici donc, en quelques points, les lignes de force de cette éducation[1].

- Chaque enfant est unique, ce qui équivaut à dire qu'il est au centre de l'acte éducatif, que l'on respecte ses rythmes d'apprentissage, qu'il doit se sentir en classe "comme chez lui" et que la relation avec l'enseignant est fondée sur l'anti-autoritarisme ;
- Il existe une continuité éducative entre les niveaux primaire et secondaire, continuité qui se retrouve dans le fait qu'il n'est pas rare qu'un même enseignant suive parfois la même classe pendant toute sa scolarité ;

1. Il faut préciser cependant que le "modèle scandinave" se distingue selon les pays, l'éducation en Finlande ne répondant pas exactement aux mêmes critères qu'au Danemark, par exemple. Les points proposés ici se basent sur l'analyse de la littérature internationale à ce sujet, dont on citera quelques titres en guise d'exemples : Henri Charpentier, "Systèmes scolaires et équité sociale", in *École, changer de cap*, ouvrage collectif, Chronique sociale, 2007 ; C. Foerster, *Étude comparée des systèmes éducatifs européens : approche pédagogique, enjeux communs et particularités*, actes du colloque "Les systèmes éducatifs en Europe : approche juridique et financière", Barcelone, 2000. Voir aussi, de Peter Gumbel, *On achève bien les écoliers*, Grasset, 2010, qui contient un témoignage très parlant au sujet de la Finlande.

■ Le système d'évaluation n'est pas pénalisant, l'intégration et le consensus étant les valeurs de fond du système. De ce fait, le redoublement est rare, les notes sont presque absentes, l'auto-évaluation est pratiquée, l'inspection est inexistante ;
■ La qualité professionnelle des enseignants est très grande, avec un cursus universitaire au niveau du master (qui est très sélectif), des formations continues régulières, des salaires supérieurs en moyenne au niveau européen ;
■ Il y a une tradition du travail en équipe, méthode qui vaut tout autant pour les enseignants que pour les élèves et les parents d'élèves qui participent activement à la vie scolaire.

Ceci n'empêche pas que les enseignants jouissent d'une autonomie pédagogique concertée, aidée par la décentralisation administrative et politique. Comme le disait Paul Robert, principal d'un collège dans le Gard, qui s'était rendu en Scandinavie dans le cadre d'un programme d'échanges : "Au début des années 1990, les pays nordiques ont renoncé à toutes les instances nationales de contrôle telles qu'elles existent en France ou en Allemagne. La haute autorité éducative de chacun de ces pays semble avoir changé de rôle (à titre d'exemple, l'obsession de « faire le programme prescrit par le ministère » semble étrangère à l'enseignant en Finlande)[1]."

À partir des années 1970, la Finlande, la Norvège et la Suède ont choisi leur système actuel, sans plus jamais revenir en arrière. C'est un modèle intégré (un parcours ininterrompu de 7 à 16 ans), opposé à l'ancienne organisation en filières (classique, technologique et préprofessionnelle). Il est fondamentalement basé sur une conception commune à la Scandinavie des valeurs de liberté et de démocratie, et, comme le fait encore observer Paul Robert, il est en constante évolution. Jukka Sarjala, l'un des cofondateurs de l'actuel système d'éducation finlandais, ajoute à ce propos : "Nous avons une école pour tous les enfants, car nous avons besoin de chacun d'eux dans notre société. Nous

1. Voir l'article en ligne de Paul Robert, "L'éducation en Finlande : les secrets d'une étonnante réussite", http://www.meirieu.com/ECHANGES/robertfinlande.pdf. Voir aussi, du même auteur, *La Finlande : un modèle éducatif pour la France ?*, ESF, 2008.

ne pouvons pas nous permettre d'écarter ne serait-ce qu'un seul de nos élèves. Chez nous, aucun enseignant, aucune école n'a le droit de se débarrasser d'un enfant ou d'un adolescent au motif qu'il n'est pas conforme pour telle ou telle forme d'enseignement scolaire. Cette position de principe conforte à la fois les élèves, les parents et les enseignants dans leur conviction de participer à égalité de droits au processus éducatif et d'en assumer leur part de responsabilité[1]."

Dans une forme peut-être plus adaptée à la culture latine, ce modèle serait-il exportable en France et dans les autres pays dont le système éducatif est basé sur l'acquisition des connaissances intellectuelles ? La réponse est oui, à condition de... tout changer à la base et de tout remettre en cause, comme les pays du Nord l'ont fait. C'est une décision politique qui peut advenir seulement si les acteurs-auteurs du changement culturel en cours arrivent à constituer la fameuse "masse critique" qui peut provoquer le basculement. L'anthropologue Margaret Mead le soulignait déjà en 1949 : "Ne doutez jamais du fait qu'un petit nombre de gens réfléchis et engagés peuvent changer le monde. En vérité, c'est la seule chose qui ait jamais réussi[2]." Nous n'en sommes pas loin.

"Les enfants sont-ils heureux dans ces écoles ?" serait la dernière question à examiner en conclusion de ce bref aperçu. Si l'on se fie aux témoignages rassemblés dans les centaines d'articles et d'émissions sur le cas de la Finlande, par exemple, on pourrait convenir que oui, ils le sont. Nous attendons à ce propos des enquêtes (de l'OCDE ou d'autres institutions semblables) qui nous le confirment clairement, des recherches peut-être un peu moins attentives aux performances des enfants et un peu plus axées sur leur bien-être global.

## L'Éducation démocratique

Plus qu'un nouveau mouvement pédagogique, l'Éducation démocratique, terme inventé par les Américains, rassemble tous les établissements qui ont une vision non autoritaire et non conventionnelle de l'éducation. Inspiré par une vision anarchiste libertaire et ayant comme figures de référence Léon Tolstoï,

1. *Ibid.*
2. Margaret Mead aurait prononcé ces mots en 1949, à Paris.

John Dewey, Alexander Neill, Ivan Illich, Paulo Freire, Krishnamurti ou bien, en France, Paul Robin, Célestin Freinet ou les fondateurs de l'Éducation nouvelle, ce courant rassemble des figures d'éducateurs et des écoles déjà rencontrés dans les paragraphes précédents. Ce que D. H. Lawrence écrivait en 1918 pourrait donner une idée assez claire de la philosophie de ce mouvement : "Comment éduquer un enfant ? Première règle : fichez-lui la paix. Deuxième règle : fichez-lui la paix. Troisième règle : fichez-lui la paix." Voici donc de quoi il s'agit : de liberté, bien sûr, mais d'une liberté accompagnée de bienveillance et d'amour.

"Dans une récente conférence, l'écrivain Igor Sibaldi faisait remarquer la différence qu'il y a entre le terme *amour* et son équivalent anglais, *love*. Tandis qu'*amour*, expliquait-il, vient du sanskrit *kama* qui signifie « passion sensuelle », le mot *love* a la même racine que *leave*, « laisser libre ». *Love. Leave.* Liberté. Voici le pont. Et voici l'essence de l'éducation démocratique...", affirme Nicholas Bawtree dans sa préface au livre de Francesco Codello et Irene Stella *Liberi d'imparare*[1], publié en Italie. Une fois encore, il s'agit non pas d'adhérer à des dogmes ou à une nouvelle idéologie, mais de comprendre un état d'esprit fait de liberté, de créativité, de pouvoir d'action, d'autodétermination, d'égalité et de respect mutuel, des principes que l'on a déjà énumérés dans toutes les chartes éducatives "alternatives" présentées jusqu'ici. Cela s'accorde parfaitement à notre souci d'éduquer à la joie et au bien-être des enfants car, comme le dit encore Bawtree, "tout ce que nous avons à faire est d'aimer les enfants de façon inconditionnelle, *love-leave*... Nous devons seulement libérer cette énergie, en nous débarrassant du lourd cartable que nous transportons : un cartable plein de peurs. Ce sera une renaissance pour tous, adultes et enfants." Il existe des réseaux d'écoles démocratiques dans différentes régions du monde. Les plus connus sont l'Alternative Education Resource Organization (AERO), ainsi que l'Institute for Democratic Education in America (IDEA) aux Etats-Unis, et la Communauté européenne pour l'Éducation démocratique (EUDEC) en Europe.

1. Francesco Codello et Irene Stella, *Liberi d'imparare*, Terra Nuova Edizioni, 2011.

L'AERO, par exemple, qui a comme objectif de promouvoir une approche qui place l'élève au centre du processus éducatif, est considérée par beaucoup comme la première plateforme de communication et de soutien aux alternatives éducatives dans le monde. Pour l'AERO, l'éducation alternative inclut, sans s'y limiter, les écoles Montessori et Steiner-Waldorf, les écoles à la maison, les écoles Sudbury, celles qui appartiennent au mouvement des quakers, les écoles Krishnamurti, celles de Reggio Emilia et tous les courants de l'éducation holistique, indépendante, progressive, communautaire et coopérative que nous avons déjà rencontrés. Cette organisation se présente comme un service qui fournit de l'expertise dans les domaines du processus et de l'Éducation démocratique, mais aussi pour la création de réseaux de toutes formes d'éducation alternative. "C'est par notre travail et notre mission que nous espérons créer une révolution éducative, précise son texte de présentation. Ne réformons pas l'éducation, révolutionnons l'éducation[1] !"

Par souci de précision, il convient de nommer aussi, ici, le programme *Free Schools* (Écoles libres), mis sur pied au Royaume-Uni à la rentrée 2011. L'adjectif "libre" est à entendre au sens de "libéral" du point de vue de l'économie de marché et n'a donc strictement rien à voir avec la vision éducative de la liberté qui va de pair avec le choix des pédagogies des écoles démocratiques. De fait, les *Free Schools* déjà ouvertes actuellement visent à restaurer des principes éducatifs traditionnels. C'est un programme ministériel qui permet aux promoteurs de nouvelles écoles privées, associés à des entreprises également privées, de bénéficier d'un financement gouvernemental au même titre que les écoles publiques. La seule ouverture dans ce système réside dans l'opportunité de fonder une école, qui vaut en principe pour toute association citoyenne qui en fait la demande.

AERO : *http://www.educationrevolution.org*
IDEA : *http://www.democraticeducation.org*

1. *Education Revolution* est également le titre de la revue de l'AERO.

L'EUDEC, quant à elle, a pour objectif de donner "du pouvoir aux écoles démocratiques", comme le déclare son texte de présentation. Telle sa consœur américaine, cette organisation non lucrative veut promouvoir l'Éducation démocratique comme un modèle pour tous les États démocratiques. Elle soutient toutes les écoles qui développent cette approche, par l'organisation de rencontres, de camps d'été, de formations, d'échanges de modèles pédagogiques et d'informations à ce sujet. Ses membres sont des individus, des écoles ou des institutions spécialisées dans ce type d'éducation en Europe. L'EUDEC compte actuellement environ 7 000 inscrits, 40 groupes provenant de 28 pays, 12 projets de création d'écoles, ainsi que des organisations tels le Bundesverband der Freien Alternativschulen (BFAS) ou le Phoenix Education Trust, implanté au Royaume-Uni[1].

L'IDEC est la Conférence internationale pour l'éducation démocratique, qui réunit chaque année tous les adhérents et sympathisants de ce courant. C'est une belle occasion de partager et d'échanger les expériences réalisées par les individus, les familles et les écoles démocratiques implantées, notamment, dans les pays européens.

*EUDEC : http://www.eudec.org*

**Le courant de l'Éducation lente**

Le mouvement Slow Food, né dans les années 1980 en réponse à celui du fast-food, n'a pas besoin de publicité. Avec près de 100 000 membres, il est désormais mondialement connu et a fait beaucoup d'émules dans les milieux de la consommation alternative, surtout chez les "créatifs culturels" en Europe et aux États-Unis. Slow Food prône les valeurs de l'éco-gastronomie, selon trois principes : "Le bon (pour les sens), le propre (le respect de la planète, de la biodiversité et de la santé humaine) et le juste (des prix accessibles aux

1. Francesco Codello et Irene Stella, *op. cit.*

consommateurs et permettant la dignité de ceux qui produisent)[1]." Il existe aujourd'hui une université de Slow Food en Italie, et un Institut de formation universitaire a été récemment créé en France[2].

De même que Slow Food promeut une philosophie du plaisir de manger en goûtant à ce que l'on mange, la *Slow Education* promeut la philosophie du plaisir d'apprendre, en retrouvant le goût de cet apprentissage. Même s'il n'y a pas encore d'écoles labellisées *Slow School*, on peut néanmoins reconnaître à ce courant une grande capacité à communiquer des contenus et des notions de l'éducation alternative de façon immédiate et facilement compréhensible du grand public (sans doute en raison de l'association à la nourriture). Tel a été le cas du *Manifeste pour une enfance heureuse* écrit par Carl Honoré à la suite de son *Éloge de la lenteur*, et qui est devenu un best-seller dans plusieurs pays[3]. Ou encore, en Italie, du livre de l'enseignant Gianfranco Zavalloni[4], *La Pédagogie de l'escargot*, qui contient des réflexions pédagogiques nouvelles dans le contexte de l'école publique. Partout, le constat est amer : on le sait bien, les enfants non plus ne sont pas épargnés par les conséquences néfastes de la vitesse, de l'accélération et de la compétition. Nous sommes, comme le dit Zavalloni, dans l'époque du "temps sans attente", c'est-à-dire que nous sommes devenus comme des enfants capricieux qui veulent tout, tout de suite. Il est donc nécessaire de parcourir ensemble, parents, maîtres et élèves, un nouveau chemin vers une école "lente et non-violente". Voici, en vrac, quelques-uns de ces principes, propositions et idées :

- Perdre du temps, c'est gagner du temps ;
- Apprendre par les mains ;
- Dessiner au lieu de photocopier ;
- Supprimer les notes et apprendre à se poser les bonnes questions ;
- Droit inaliénable à la récréation ;

1. http://www.slowfood.fr.
2. *Ibid.*
3. Carl Honoré, *Manifeste pour une enfance heureuse*, Marabout, 2008, et *Éloge de la lenteur*, Marabout, 2007.
4. Gianfranco Zavalloni, *La Pedagogia della lumaca*, EMI, 2008.

- La morale : le certificat du Bon Sens ;
- Des potagers pédagogiques pour ralentir avec la nature ;
- L'erreur est créative ;

et, enfin :

- Ne pas se prendre trop au sérieux (rire à l'école, ça fait du bien)...

La pédagogie de l'escargot, ou l'école lente, est fondamentalement liée à une démarche écologique, d'éducation au développement durable, pacifiste et non-violente. La littérature sur ce mouvement éducatif commence à être assez consistante, surtout aux États-Unis, où curieusement Slow Food compte beaucoup d'adeptes, contre l'éducation "hamburger", consumériste et sans saveur aucune. Comme dans le courant des écoles démocratiques, on ne sera pas surpris de retrouver, parmi les pédagogies labellisées "lentes", Montessori, Steiner, les écoles Sudbury, etc. bref, toutes ces écoles qui "éduquent les enfants pour leur permettre de réussir une vie joyeuse[1]".

*Slow Food : http://www.slowfood.fr*
*Slow Education : http://www.slowmovement.com/slow_schools. ph*
*Association Jardin école de Slow Food : http://www.jardinecoleslowfood.org*

## L'École à la maison

Très répandu aux États-Unis, le courant de l'École à la maison commence aussi à susciter beaucoup d'intérêt en Europe. Selon une enquête du ministère de l'Éducation nationale, en 2006 il y avait en France 2 869 enfants éduqués dans leurs familles[2] et environ 27 000 inscrits dans des établissements

1. Voici quelques textes incontournables : Carlo Petrini, *Slow Food, manifeste pour le goût et la biodiversité*, Yves Michel, 2005 ; Penny Ritscher, *Slow School*, Giunti, 2011 ; Maurice Holt, "It's Time to Start the Slow School Movement", article en ligne sur http://www.bluegum.act.edu.au ; "L'éducation lente", *Silence*, n° 382, septembre 2010 (téléchargeable sur http://www.revuesilence.net/epuises/silence_382_web. pdf) ; Joan Domènech Francesch, *Éloge de l'éducation lente, Silence et Chronique sociale*, 2011.
2. "Les écoles différentes", fiche du CIDJ, janvier 2008 (citée par M.-L. Viaud, *op. cit.*).

à distance[1]. Aux États-Unis, on évoque entre 1 million (pour le ministère) et 1,8 million d'enfants (pour les associations parentales) éduqués à la maison. Le phénomène grandit, en raison souvent du coût trop élevé d'une école publique qui, de surcroît, est incapable de se concentrer sur les besoins des enfants. C'est ainsi que des parents ont décidé de ne pas envoyer leurs enfants à l'école et de s'organiser pour que leur instruction soit assurée à la maison. Cela est possible parce qu'aux États-Unis comme en France, l'école n'est pas obligatoire. C'est l'instruction qui l'est. En France, le Code de l'éducation[2] prévoit en effet cette liberté, à condition de faire une déclaration annuelle à la mairie et à l'inspection académique. Des contrôles pédagogiques annuels sont prévus par la loi.

De la part des parents, les raisons de ce choix sont variées : politico-idéologiques (refus de l'école d'État), religieuses (par exemple, les évangélistes retirent leurs enfants de l'école pour les protéger des théories de Darwin), mais surtout pédagogiques. C'est plutôt un choix de vie, souvent provoqué par les mauvais souvenirs d'école d'ex-élèves qui ont souffert d'échecs, de traumatismes divers ou tout simplement d'incompréhension. Ainsi, une maman de deux enfants de 10 et 4 ans raconte : "Ma fille avait une dyslexie importante. Au bout de deux ans de CP, elle n'arrivait pas à apprendre à lire. La troisième année, on a fait ça à la maison, à son rythme, en échangeant avec d'autres mamans et des orthophonistes. Pour ces enfants un peu particuliers, on peut faire mieux qu'à l'école et leur éviter des souffrances[3]."

Pour un parent, c'est effectivement un choix de vie, et pas n'importe lequel. Car il faut suivre les programmes (du CNED en France) et s'assurer, par exemple, que ses enfants aient les connaissances de base requises par l'Éducation nationale. D'autres parents utilisent des méthodes pédagogiques alternatives empruntées à Freinet ou à Montessori. D'autres, encore, adoptent

1. Claudia Renau, "Ces familles qui choisissent de vivre sans école", 2007, article en ligne : http://www.parisbalades.com/nonsco/pas_ecole. htm.
2. Code de l'éducation, art. L.131-2.
3. "L'école à la maison", *La Croix*, 11 février 2004.

une approche “mixte”, qui consiste à accompagner leurs enfants dans les apprentissages de base (mathématiques, français, etc.) tout en les aidant à développer leurs intérêts personnels. Et, pour finir, il y a aussi des parents qui pensent qu'éduquer équivaut à répondre à la curiosité naturelle de l'enfant, en lui laissant suivre le rythme de ses besoins, de ses objectifs et de ses plans.

L'École à la maison devient alors ce qu'on désigne par le terme anglais *unschooling* (la non-scolarisation), c'est-à-dire l'application de méthodes pédagogiques ouvertes, totalement libres, sans le guide de l'enseignant classique, en utilisant le monde comme classe d'école. Les parents qui optent pour l'*unschooling* sont plus des facilitateurs que des professeurs. Ils doivent assurer à leurs enfants l'accès à de nombreuses ressources (bibliothèques, médiathèques, musées, télévision, radio...) et être toujours prêts à seconder leur curiosité. Dans les deux cas, *unschooling* et École à la maison, la question de la socialisation est souvent soulevée. À cela, une des plus grandes associations françaises d'École à la maison, Les Enfants d'abord (LEDA), répond que les enfants non scolarisés peuvent côtoyer des personnes de tout âge, ainsi que d'autres familles “non scolarisantes”, et que, s'ils sont intéressés par les cultures étrangères, ils peuvent échanger hors des frontières.

Sans doute inspiré par ce courant, un jeune Américain a créé un mouvement social, Uncollege, qui prend de plus en plus de l'ampleur. Sa devise est contenue dans l'affirmation suivante : “Que l'on aille à l'université ou non, nous croyons que le succès, au XXI$^{e}$ siècle, requiert passion, ardeur et esprit critique. Il est faux de dire qu'il existe dans la vie seulement trois façons de s'en sortir :

- Aller à l'université et décrocher un job dans un bureau ;
- Devenir le prochain Mark Zuckerberg ;
- Quitter l'école et se droguer en bas de chez soi.

On peut mener une vie heureuse et contribuer à la société sans avoir de diplôme universitaire. On peut créer sa propre façon de s'en sortir !”

Lors d'une conférence-débat sur l'école, j'ai rencontré une maman et sa fille de 19 ans, adeptes du mouvement de l'instruction en famille. Tout à fait à l'aise et sûre d'elle, la jeune fille affirmait calmement n'avoir jamais souffert d'isolement ni d'un quelconque manque de stimuli nécessaires à son épanouissement. Au contraire, ayant décidé d'aller à l'université après toute une enfance sans école, elle déclarait avoir préparé son bac en quatre mois et l'avoir obtenu sans aucune difficulté. C'est à l'université qu'elle s'ennuyait car, comme elle le disait en toute simplicité, "les profs répètent toujours les mêmes choses. Moi, à la maison, j'étais habituée à comprendre tout de suite. J'ai l'impression qu'ils nous prennent pour des imbéciles." De son côté, l'attitude sereine de la maman ne faisait que confirmer la confiance totale dans les choix de sa fille (ainsi que de ses six autres enfants, tous éduqués à la maison !). Elle avait une sorte de foi totale dans le fait que les enfants, et pas seulement les siens, ont tous un fil conducteur "naturel", qui les guide vers leurs justes centres d'intérêt, leur trésor à découvrir et elle jugeait que l'institution appelée "école" ne fait que les détourner de ce chemin de connaissance si précieux.

LEDA – Les Enfants d'abord : http://www.lesenfantsdabord.org<br>Uncollege : http://www.uncollege.org

# 2

# DES VALEURS ET DES NOTIONS COMMUNES

*La joie est le passage de l'homme d'une moindre à une plus grande perfection.*

BARUCH SPINOZA

Les "écoles qui rendent nos enfants heureux" éduquent à la joie de vivre avec soi-même et avec les autres, et leurs pédagogies traduisent en pratique des valeurs et des notions qui, autrement, sembleraient abstraites. Elles aident enfants, parents et enseignants à expérimenter au quotidien la reliance, la transdisciplinarité, la complexité, l'innovation, l'incertitude ou la vision intégrale, des concepts modernes qui constituent l'originalité et la force d'impact de ces méthodes dans des sociétés et cultures différentes. Quelques-unes de ces notions, telle la complexité qui est un pilier de l'approche transdisciplinaire, se recoupent entre elles, comme pour démontrer le besoin de se rencontrer dans une vision du savoir qui ne soit pas fragmentée, mais globale. Avant de partir en voyage autour du monde, il m'a semblé utile de présenter quelques-uns des principes communs à ces écoles "où il fait bon aller".

## Reliance

Éduquer à la joie signifie avant tout éduquer à la *reliance*. Comme le rappelle l'étymologie sanskrite du mot "joie", *yuj*[1], sa prérogative est de relier, "d'unir l'âme individuelle avec l'esprit universel". Le concept de *reliance*, que le sociologue Marcel Bolle De Bal définit à la fois en tant qu'acte de relier et résultat de cet acte[2], me paraît le plus adapté ici pour décrire la nature de ce lien, l'union du terrestre avec le céleste, du sujet et de l'objet, de l'homme avec une dimension verticale et des hommes entre eux. Cela donne une dimension sacrée de la joie, qui s'est perdue au fil des temps, surtout dans la culture occidentale.

1. *Yuj* (la même racine que *yoga*) se traduit aussi par : véhicule, moyen, méthode ; soin, concentration d'esprit ; discipline, pratique du yoga, extase mystique (tiré de Gérard Huet, INRIA, http://sanskrit.inria.fr).
2. Marcel Bolle De Bal, "La reliance : connexions et sens", *Connexions*, n° 33, Épi, 1981.

Ainsi, le fait de "se sentir relié" est un acte de vie, "de transcendance par rapport aux niveaux habituels où se trouve notre prise de conscience[1]". À ce mouvement qui tend vers le haut, il me semble indispensable, lorsqu'on tente de définir la joie, d'en associer un autre qui, partant toujours du cœur de l'homme, tend vers le bas, vers la terre. C'est une pulsion vitale, commune à toute l'humanité, une connexion nécessaire (et, hélas, de plus en plus perdue) avec les éléments de la nature, de l'univers et du cosmos. Une fois le lien rétabli, la joie investit de façon indirecte (car elle y "contribue", comme dirait Spinoza) tous les aspects de la vie et ramène au concept de joie de vivre en tant que sentiment exaltant, ressenti par toutes les dimensions de l'être. D'une simple émotion, elle se transforme ainsi en état, elle envahit la totalité de l'être en devenant "le lien qui nous libère en nous reliant à tous", comme la définit le philosophe Bruno Giuliani[2]. Elle nous rappelle aussi la *reliance cosmique*, celle qui existe entre la personne et les éléments naturels, mais aussi ontologique, où l'individu est connecté au vivant par le biais des mythes et des rites, ce qui nous permet d'associer à la joie transcendante une dimension d'immanence[3]. Si, comme le dit avec beaucoup d'humour le psychanalyste canadien Guy Corneau, "de toutes les façons, nous sommes des êtres condamnés à la joie, car la joie est l'appel profond de chaque être humain[4]", les enfants sont les premiers porteurs de cet appel, une possibilité de reconnexion à notre nature profonde.

Ce que les écoles écoles "où il fait bon aller" partagent est le but de rendre aux enfants (ou de renforcer) leur capacité de *reliance* à cette nature. C'est un chemin éducatif qui n'exclut pas l'accueil du questionnement de l'être (le "connais-toi toi-même" socratique) et son évolution globale, physique, mentale et spirituelle.

1. Maurice Lambilliotte, *L'Homme relié. L'aventure de la conscience*, Sodi, 1968.
2. Bruno Giuliani, *L'Amour de la sagesse, initiation à la philosophie*, éditions du Relié, 2000.
3. Lire aussi, de Michel Maffesoli, *Le Temps des tribus*, Méridiens-Klincksieck, 1988.
4. Entretien réalisé à Montréal le 14 octobre 2011, disponible sur http://www.educationalajoie.com. Voir aussi, de Guy Corneau, *Revivre !*, Les Éditions de l'homme, 2010.

**Ouverture au questionnement existentiel**

Souvent sans la nommer, les écoles dont ont traite ici ouvrent à la dimension spirituelle, en partant de la considération qu'éduquer est avant tout un acte et un processus de liberté du Soi. En tant que tel, il peut donc accueillir le questionnement existentiel, ontologique, c'est-à-dire qui concerne la dimension de l'être, au même titre que toute autre dimension présente en nous. Ainsi, lorsque le mot "spirituel" accompagne celui d'éducation, il n'est jamais utilisé dans le sens de l'enseignement d'une religion ou d'un dogme (le domaine de l'éducation spirituelle relevant des écoles confessionnelles). Par exemple, combien de fois ne nous est-il pas arrivé d'entendre nos enfants ou nos élèves poser des questions sur Dieu, sur la mort ou sur "ce qu'il y a après la vie" ? S'il est vrai que personne n'a de réponses et encore moins de certitudes, les demandes de ce type, au lieu d'être soigneusement évitées ou diabolisées comme on le fait aujourd'hui à l'école, pourraient au contraire devenir l'occasion de débats philosophiques passionnants, nourris par la richesse multiculturelle des classes.

"Les Français sont des obsédés *sectuels*!" m'a dit un jour un ami alors que nous parlions de la peur d'affronter des questions de ce type dans les écoles. "Mais c'est une secte!" ai-je aussi entendu une enseignante s'écrier pendant une de mes conférences, lorsque je parlais de mon expérience à Auroville, en Inde. J'étais en fait en train de décrire les écoles fondées sur l'éducation intégrale, où la dimension de l'esprit (en tant que conscience) est développée autant que celle du mental et du physique, sans aucun enseignement religieux. C'est donc précisément la prise en compte de cet aspect qui dérange et pose problème dans les écoles, surtout en France. Pour cette professeur, comme pour beaucoup de ses confrères, tout ce qui a trait au domaine existentiel  notre naissance, notre mort, la souffrance, bref, le sens même de notre vie  doit rester dans la sphère de l'intime. Cela veut dire que, lorsqu'un élève pose une question qui touche ce domaine (ce qui arrive aussi très tôt, comme le prouvent par exemple les expériences des ateliers de philosophie à l'école primaire[1]), l'enseignant va remettre la réponse soit à un autre moment ("quand tu seras plus grand"), soit à une autre place ("tu verras ça avec tes parents, à la maison") ; en tout cas, pas à l'école !

Car l'école, on le sait bien, doit être et rester laïque. Ceci n'est pas le lieu pour analyser, d'un point de vue sociologique, les racines de ce que mon ami appelait une obsession et que, moi, j'appelle plutôt une peur. Pour ce faire, il faudrait explorer peut-être du côté de l'héritage qu'a laissé, en France, le pouvoir de l'Église pendant des siècles, une lourde trace que d'autres cultures n'ont pas ou n'ont plus. Essayons par contre de faire la paix avec ce passé et de prendre l'exemple des écoles décrites aux chapitres suivants, capables d'accueillir toutes les appartenances confessionnelles, tolérantes et ouvertes aux diversités culturelles et religieuses, où le seul aspect spirituel qui puisse prétendre avoir une place est celui de la *spiritualité laïque*. Le produit de cette école serait un être nouveau, un être également spirituel, qui, pour le dire avec les mots de René Barbier, entrerait "de plain-pied dans la vie et qui, au cœur même de la vie, découvr [irait] la joie d'être au monde et ceci en dépit de toute croyance[2]". Dans cette acception, le rôle de l'école est d'accompagner les élèves dans le processus de connaissance de soi, qui est le but ultime de l'éducation.

## Transdisciplinarité

On a beaucoup écrit à propos de la fragmentation du savoir et de ses effets sur l'humain : grâce à ces études, nous savons par exemple aujourd'hui qu'en 1950 existaient 50 spécialisations universitaires, mais qu'en 2000 on en recensait plus que 8 000, comme l'affirme Basarab Nicolescu, une grande figure de la transdisciplinarité[3]. Dans ces "tours de Babel" que sont nos écoles et

1. Dans *La philosophie à l'école primaire*. Des ressources en ligne pour les enseignants (http://www.cddp92.ac-versailles.fr).
2. René Barbier, "Enseignement du fait religieux et laïcité : quelle place pour la spiritualité à l'école ?", *Être, créer, connaître : quels chemins pour une éducation aujourd'hui*, actes du colloque du 18 septembre 2004, Paris, Fédération des écoles Steiner-Waldorf en France.
3. Basarab Nicolescu est le directeur du Centre international de recherches et d'études transdisciplinaires (CIRET). Voir http://basarab.nicolescu.perso.sfr.fr/ciret.

universités, les élèves s'habituent à concentrer toute leur attention sur des disciplines qui étudient la réalité à travers des loupes, en les analysant sous des angles différents. À force de focaliser sur des aspects séparés de la réalité, les étudiants apprennent à l'interpréter comme des morceaux d'un puzzle non recomposé, "déstructuré". C'est un cloisonnement du savoir qui rend le savoir lui-même de plus en plus *ésotérique* et *anonyme*, comme l'affirme Edgar Morin[1]. Le risque est de perdre de vue la vision globale de la connaissance, la capacité à voir large, au-delà et à travers les disciplines. C'est pour éviter ce morcellement que les nouvelles expériences éducatives intègrent des concepts comme la *reliance*, dont nous avons disserté plus haut, ou la *capacité de globaliser tout en reconnaissant le singulier*, qui sont des notions transdisciplinaires. Comme ce qui nous intéresse ici est de voir la traduction de ces concepts en pratiques, on pensera à l'exemple des écoles d'Altinopolis au Brésil, où le maire, Marco Ernani, a introduit l'éducation à la paix selon l'approche transdisciplinaire de Pierre Weil[2]. La *reliance* devient donc connexion à soi-même par la relaxation, le taï chi, le yoga, la capoeira, etc., et on peut, dans une même classe, reconnaître la singularité de l'autre en apprenant à vivre ensemble au-delà des différences sociales et culturelles. Transformés en pratiques, ces principes ont le pouvoir de modifier à leur tour les individus et leur quotidien.

"La Terre a été arbitrairement découpée en territoires dont les nations se jugent propriétaires, nous disait encore Pierre Weil, la connaissance s'est fragmentée en science, philosophie, art et religion. Et chacune de ces branches s'est subdivisée à l'extrême [...]. L'individu lui-même a été fragmenté en ses composantes : corps, émotion, raison et intuition[3]." On pourrait ajouter que cette fragmentation de l'humain est dangereuse : rappelons-nous ce "bon élève" ingénieur, au mental surdéveloppé et aux émotions retenues, qui disait

1. Edgar Morin, *Les Sept Savoirs nécessaires à l'éducation du futur*, Seuil, 2000.
2. Psychosociologue, écrivain et éducateur, Pierre Weil (1924-2008) a consacré sa vie à la paix. Il a fondé la Cité de la Paix au Brésil en 1986, et l'Université holistique internationale de Brasília (UNIPAZ), qu'il dirigeait. En 2000, Weil a reçu le prix d'honneur de l'Éducation pour la paix de l'Unesco.
3. Pierre Weil, *op. cit.*

avoir mis sa conscience terrienne au placard... à vingt ans ! On peut considérer le cynisme de ce pur produit scolaire comme le résultat de la croyance selon laquelle nous sommes des êtres séparés du monde extérieur, et le “moi” et l'univers sont distincts l'un de l'autre. C'est *le fantasme de la séparativité*[1] qui opère cette fragmentation, surtout au niveau de la conscience, un domaine qui n'est pas très fréquenté par l'éducation. Jiddu Krishnamurti, philosophe et fondateur de quatre écoles, dont celle de Brockwood présentée plus loin, affirmait la même chose : “Ces divisions ont été la cause d'un tel désordre dans le monde et en moi ! Suis-je capable de regarder tout cela comme faisant partie d'un unique mouvement étonnant et merveilleux ? Donc, désormais, mon souci sera non pas de chercher à vivre une vie unitaire et globale, mais de chercher si la fragmentation ne peut pas prendre fin. Et cette fragmentation peut cesser si je vois clairement que toute ma conscience est elle-même constituée par ces fragments[2].” Essayer d'aborder la conscience comme “une” est une œuvre impossible si l'on veut y accéder uniquement par le mental impossible pour l'éducation telle qu'elle est aujourd'hui, parce qu'elle se focalise sur le développement de l'intellect et produit, depuis la maternelle, ce que Michel Serres appelle la catégorie des “ignorants cultivés[3]”. Les enfants, même petits, nous l'expriment avec des images puissantes, tel cet enfant revenant de la maternelle, suivi par la psychologue Marie-Françoise Neveu : “Je suis en miettes, comme si j'étais tombé du haut d'une montagne[4].” Une autre vision est nécessaire, une vision *intégrale* que ces écoles proposent en majorité, et qui s'accorde parfaitement avec la vision transdisciplinaire parce qu'elle prend en compte à la fois l'individu, la société et la nature.

1. *Ibid.*
2. Jiddu Krishnamurti, *L'Éveil de l'intelligence*, Stock, 1975.
3. Michel Serres, interview accordée à *Philosophie magazine*, juillet-août 2007, nº 11.
4. Marie-Françoise Neveu, *Les Enfants actuels*, Exergue, 2006.

## Complexité

La théorie de la *complexité* est apparue dans beaucoup de domaines de connaissances, y compris dans les sciences de l'éducation. Dans la multitude de définitions, parfois contradictoires, qui en sont données, on retiendra celle d'Edgar Morin, qui a le mérite d'être claire et accessible. *Complexité* dérive du latin *complexus*, qui veut dire "ce qui est tissé ensemble" : on évite ainsi toute confusion avec la signification de *complication*, que la complexité exclut. Par exemple, on peut interpréter la complexité comme une forme moderne de l'ancien postulat de l'*interdépendance universelle* que l'on trouve dans toutes les civilisations (chrétienne, bouddhiste, islamique, etc.) et qui a lentement disparu de la modernité. C'est l'interdépendance qui nous apprend l'interaction qui existe entre tous les objets et les êtres du monde. C'est aussi le lien que l'école doit être en mesure de créer avec l'environnement qui l'entoure, le quartier, la ville, la région. C'est une interdépendance globale mais aussi locale, éducative au plus haut degré, dans la mesure où elle nous confronte avec nos limites. D'où l'importance d'apprendre à pratiquer et à "mettre en vie" des valeurs et des notions telles que l'empathie, l'écoute sensible, la compassion, la bienveillance, comme le font toutes les écoles "qui rendent nos enfants heureux".

## (In) novation

Une action devient innovante quand elle "cherche à améliorer substantiellement les apprentissages des étudiants en situation d'interaction et d'interactivité[1]", c'est-à-dire lorsqu'elle se place dans le système qui l'a créée. Par exemple, on fait de l'innovation lorsque, dans une école, on introduit une expérience qui se distingue des méthodes habituelles  utiliser un tableau numérique interactif, par exemple. Ceci n'a rien de révolutionnaire, mais améliore les pratiques pédagogiques existantes sans déranger l'institution. Il existe cependant une autre notion, empruntée au dictionnaire juridique : celle de *novation* pédagogique que

1. Jean-Pierre Béchard et Patrick Pelletier, "Les universités traditionnelles : à l'heure des innovations pédagogiques ?", http://www.cairn.info.

l'on pourrait définir, avec le professeur René Barbier qui l'a élaborée, comme une sorte de "désobéissance locale", porteuse d'un potentiel de transgression et de rupture avec le système qui l'a produite. Elle est déviante par rapport aux normes explicites ou implicites de l'école et dérange les dynamiques internes de ses institutions (telles les communautés des enseignants ou des parents). Un exemple en est fourni par le libre choix du programme didactique de la part des élèves, sans aucune intervention des enseignants, tel qu'on le pratique, par exemple, dans certaines écoles d'Auroville en Inde ou dans le réseau des écoles démocratiques[1]. La novation provoque parfois le vertige, surtout chez les parents, comme le confirme cette enseignante : "[Les parents] ont peur de la liberté des enfants, et du fait que les enfants ne sont pas évalués avec des notes [...]. Ils ont peur, s'ils laissent l'enfant libre, qu'il n'apprenne rien. Ils ne voient pas qu'apprendre est un instinct naturel chez l'enfant, comme parler ou marcher, ou aller à bicyclette, tout ça sans leçons, et de la même façon il peut continuer à tout apprendre. [...] Du côté des enseignants, il faut faire des séminaires pour leur faire vivre l'expérience de la liberté, la possibilité d'être créatifs, qui est souvent bloquée chez les adultes[2]." Dans ce sens aussi, d'autres écoles sont présentées ici sont "novatrices", car elles rompent avec une tradition pédagogique préétablie et cherchent de nouveaux repères, pour aider les apprenants à devenir "auteurs de leur vie" en acquérant plus de liberté et d'autonomie.

### Autorisation

À l'école, le processus d'*autorisation*[3], fortement lié à celui de l'autorité[4], ne concerne pas que les élèves, mais aussi les enseignants, les formateurs, les éducateurs  tous ceux qui sont dans le métier de la transmission, considérés

1. Voir p. 45 (au chap. 1).
2. Entretien réalisé le 17 mars 2006 à Auroville.
3. "*Autorisation*, dérivant d'*autoriser*, partage son étymologie avec *autorité* et *auteur* (du latin *auctor, is* ; *auctoritas, atis*, provenant d'*augere, auctum* : augmenter). L'autorisation est, dans le sens trivial, l'action par laquelle on autorise quelqu'un à faire quelque chose, ou l'existence de quelque chose", *Encyclopédie philosophique universelle. Les notions philosophiques* : dictionnaire, Puf, 1990.
4. "L'autorité est traditionnellement le pouvoir de se faire respecter, obéir, de commander, de décider", *ibid.* Voir aussi, d'Alexandre Kojève, *La Notion de l'autorité*, Gallimard, 2004.

par l'institution et le pouvoir comme de simples *agents*. S'ils restent dans cette posture d'exécutants, nous dit Jacques Ardoino, "ils exercent des compétences, des capacités, des pouvoirs dont ils doivent user et, donc, dont ils risquent d'abuser[1]". Dans les écoles recensées dans ce livre, on aide par contre les élèves et les éducateurs à sortir de ce système pour passer de la posture d'agents à celle d'*auteurs*, capables d'une libre initiative, d'autonomie, d'indépendance, mais aussi d'interagir avec leurs pairs. À ce sujet en particulier, on citera l'exemple de l'école alternative québécoise Jonathan, où les enfants apprennent grâce à la formation par les pairs. Celui qui transmet apprend autant que celui qui reçoit, sans aucun rapport de pouvoir : c'est ainsi qu'il devient auteur de sa propre connaissance et de son existence.

## Incertitude

Lié à la connaissance, le principe d'*incertitude*, développé par Edgar Morin dans sa théorie de la complexitété[2], est la plupart du temps étranger à la culture occidentale et aux valeurs transmises par le modèle d'éducation dominant, car dans nos écoles on n'a pas le droit à l'erreur ! Il s'agit donc de commencer à prendre en compte l'incertitude dans le processus éducatif, sans pour cela nier l'organisation ni la rigueur nécessaires à la production de la connaissance. Il s'agit surtout de reconnaître les "zones d'ombre" que la réalité conserve pour nous, de "savoir qu'il y a du possible encore invisible dans le réel[3]" et de reconnaître à quel point la connaissance peut être parsemée d'erreurs et d'illusions. Cela se traduit, par exemple, par une transformation de la relation entre maître et élève, là où les rôles peuvent dans la réalité s'interchanger. C'est ce qui arrive à Jacotot, le "maître ignorant[4]", l'extravagante figure d'un enseignant qui a réellement vécu au début du XIXe siècle, racontée dans le livre du philosophe Jacques Rancière.

1. *Ibid.*
2. Edgar Morin, *Introduction à la pensée complexe*, Seuil, 1990.
3. *Ibid.*
4. Jacques Rancière, *Le Maître ignorant*, Fayard, 1987.

En 1818, le professeur Jacotot est appelé à enseigner le français à l'université de Louvain. Ne parlant pas le flamand, le seul support dont il dispose est une version bilingue des *Aventures de Télémaque* de Fénelon, à partir de laquelle il demande à ses élèves de travailler. Il leur demande de lire l'œuvre et de raconter en français ce qu'ils en ont retenu. S'attendant au pire, il est au contraire surpris par la bonne qualité de leurs travaux, ce qui le conduit à remettre en cause profondément la façon traditionnelle d'enseigner, et ce qui amène Jacques Rancière à affirmer ce qui suit : "L'homme et l'enfant en particulier peut avoir besoin d'un maître quand sa volonté n'est pas assez forte pour le mettre et le tenir sur la voie. Mais cette sujétion est purement de volonté à volonté. Elle devient abrutissante quand elle lie une intelligence à une autre intelligence. Dans l'acte d'enseigner et d'apprendre, il y a deux volontés et deux intelligences. On appellera *abrutissement* leur coïncidence. Dans la situation expérimentale créée par Jacotot, l'élève était lié à une volonté, celle de Jacotot, et à une intelligence, celle du livre, entièrement distinctes. On appellera émancipation la différence maintenue des deux rapports, l'acte d'une intelligence qui n'obéit qu'à elle-même, lors même que la volonté obéit à une autre volonté[1]." Il y a donc une égalité d'intelligences (des élèves et du maître) avec une autonomie du processus d'apprentissage qui n'est plus fondé sur l'idée que l'élève est ignorant et que le maître détient un savoir : "Seul le maître qui, parce qu'il ignore, oblige l'autre à trouver par lui-même, est un maître émancipateur", disait Jacotot.

Tel est aussi le sens de l'approche pédagogique intégrale proposée par l'éducation à la joie, où le processus d'évolution de la joie, de sa naissance en tant qu'émotion jusqu'à sa transformation en état d'éveil, revêt une importance capitale tant pour l'élève que pour l'enseignant. Dans cette dynamique, l'*erreur* devient donc elle aussi un facteur émancipant. La grande leçon à retenir est celle de l'éducation comme acte d'une liberté si chère à notre école, une liberté qui "ne se donne pas, [mais] se prend[2]".

1. *Ibid.*
2. *Ibid.*

**Planter là où c'est déjà fertile**

Ce principe est emprunté à la permaculture, cette branche de l'agriculture "permanente", fondamentalement éthique, qui utilise une approche systémique et soutenable pour les populations humaines. Aller semer et planter là où le sol donne déjà des signes, même infimes, de fertilité signifie avant tout reconnaître la vie dans la terre. Il s'agit ensuite de reconnaître les espèces végétales qui y naissent et qui sont spontanément adaptées au climat et au type de sol. Pour finir, on pourra planter des espèces compatibles avec la végétation préexistante. Cela permet non seulement que la terre conserve sa fertilité naturelle, mais aussi de respecter son caractère et sa richesse innée. On peut transposer ce même principe à l'école ; concrètement, si un enfant est naturellement doué pour le dessin, on ne le forcera pas à étudier les mathématiques pour qu'il s'uniformise avec le reste de la classe qui suit le programme. Au contraire, on cherchera à valoriser son don en le développant davantage, car c'est par la prise de conscience et la connaissance de sa propre richesse qu'il pourra ensuite aller vers d'autres disciplines. C'est tout simple, même trop simple pour certains, car c'est facile et direct, et cela ne demande pas aux enseignants de s'acharner sur l'élève en l'obligeant à apprendre ce qui ne l'intéresse pas. C'est ce qui se passe à l'école de Brockwood en Angleterre, ou dans les écoles du Libre Progrès en Inde, ou encore à l'école I Saltafossi en Italie, pour ne citer que trois exemples, parmi d'autres, où les programmes sont choisis par les élèves eux-mêmes, selon leurs centres d'intérêt et surtout selon ce qu'ils "aiment" faire, ce qui provoque en eux une véritable joie d'apprendre et de progresser.

Ces écoles qui éduquent à la joie, certains les qualifieront d'écoles "démocratiques", d'autres d'"alternatives" ou, plus généralement, de "différentes"... Peu importe, car ce qui compte aujourd'hui est de savoir avant tout que ces écoles existent, qu'elles deviennent de plus en plus accessibles et qu'elles peuvent essaimer, dans le monde et en France.

# 3

# EXPÉRIENCES ET MÉTHODES D'ÉDUCATION À LA JOIE : DANS LE MONDE

*Ils ne savaient pas que c'était impossible, alors ils l'ont fait.*

MARK TWAIN

Cette partie du livre, qui présente des établissements et projets éducatifs, dans le monde, où le bien-être des jeunes est la priorité, ne peut pas, par la force des choses, être représentative de toutes les expériences existantes. Sans compter qu'en France, dont les exemples seront décrits au chapitre suivant, et dans le monde, des initiatives éducatives novatrices naissent tous les jours à un rythme de plus en plus accéléré. Des écoles publiques ou privées de plus en plus nombreuses, à la maison, à la ferme, en communauté, autogérées, démocratiques, ouvertes, libertaires, osent aujourd'hui s'affranchir de l'éducation imposée par l'institution. Partout, des gens s'organisent : des enseignants qui n'en peuvent plus de l'Éducation nationale, mais qui aiment leur métier et veulent tenter des expériences épanouissantes ; des parents qui se fédèrent pour créer des écoles dans leur village, leur communauté ou leur quartier ; des jeunes qui inventent de nouvelles façons de s'éduquer par l'autoformation, Internet, l'apprentissage par les pairs… Tout est chamboulé et expérimenté, laissant la place à une créativité retrouvée, aussi forte que le besoin d'en finir avec les diktats d'un système à l'agonie.

## Last School, l'école du Libre Progrès à Auroville (Inde)

Entre 2002 à 2008, j'ai visité Last School de nombreuses fois pour ma recherche de doctorat, qui avait pris comme terrain d'observation les écoles d'Auroville, une communauté internationale située à dix kilomètres au nord de la ville de Pondichéry, dans le Tamil Nadu, en Inde du Sud[1]. Last School (en anglais, la "dernière école") est une des écoles secondaires d'Auroville, qui compte sept établissements (du préprimaire au secondaire), sans compter

1. Voir http://*www.auroville.org*.

les écoles d'Auroville dans les villages et les autres unités éducatives[1]. Dans toutes ces écoles, on pratique l'*éducation intégrale*, une approche que j'ai évoquée au chapitre précédent, et qui a également été celle que j'ai adoptée dans ma recherche (où le chercheur n'est pas séparé, mais "intégré" dans le processus de recherche scientifique). Le choix d'Auroville en tant que terrain de recherche est dû à sa particularité, à sa spécificité de "laboratoire de l'humanité" dans tous les domaines, y compris celui de l'éducation. On ne peut donc pas décrire Last School sans la replacer dans ce contexte, qui est unique au monde.

Éco-village, laboratoire du changement, utopie sur Terre, utopie tout court... on aura tout dit d'Auroville, "la cité de l'Aurore" fondée en 1968 d'après la vision de Mirra Alfassa Richard, dite la Mère, compagne spirituelle du philosophe Sri Aurobindo. Avant de commencer à décrire cette expérience, il est nécessaire de s'arrêter sur la personnalité de ce dernier, très lié au concept de l'éducation à la joie. Sri Aurobindo (1872-1950) était un mystique, poète et philosophe indien, fondateur du *Purna yoga*, le yoga intégral, et de l'*éducation intégrale*. Il est intéressant de savoir que la joie avait une place centrale dans l'expérience de Sri Aurobindo qui concevait son yoga comme le chemin vers l'état d'*ananda* (en sanskrit, la joie divine). Plus précisément, il appelait cet état *sat-chit-ananda* en sanskrit, le continuum "existence-conscience-félicité", une expérience qui dure et persiste : et, comme l'écrit le moine bouddhiste Matthieu Ricard, "qui illumine de félicité l'instant présent et se perpétue dans l'instant suivant jusqu'à former un continuum que l'on pourrait appeler *joie de vivre*[2]".

1. Unités coordonnées par le Sri Aurobindo International Institute for Educational Research (SAIIER) (données de 2008) :
– Écoles d'Auroville : Kindergarten, Nandanam, Pre-Crèche, Transition School, Deepanam School, Future School, Last School ;
– Écoles d'Auroville dans les villages : Arulvazhi Education Center, Ilaignaral School, Isaiambalam School, New Creation Bilingual School, Tamil Ulagam Evening Schools, Udavi School ;
– Jeunesse : Dehashakti School of Physical Education, Kailash, Art Youth Atelier (AYA) ;
– Autres organismes d'éducation : CIRHU (Centre pour la recherche internationale sur l'unité humaine), Savitri Bhavan, LOE (Laboratoire d'évolution), CRCP (Centre pour la recherche sur la communication et la publication), CIC (Centre de culture indienne), Aurofilm, Auroville Transport, *Ritam* (revue), bibliothèque d'Auroville, Laboratoire de langue française.
2. Matthieu Ricard, *Plaidoyer pour le bonheur*, Nil, 2003.

On pourrait se demander ce que cet état a à voir avec l'éducation. Beaucoup, selon ces maîtres. Par exemple, pour Sri Aurobindo qui était avant tout un grand éducateur, tout le travail de l'élève consiste à apprendre à vivre de façon intériorisée, avec un regard dirigé “au-dedans”, mais pas pour autant détaché de la vie quotidienne, afin de s'éveiller à cette présence calme, joyeuse et puissante qui “en nous est notre moi le plus réel”. De ce fait, Sri Aurobindo identifie dans l'art et la poésie à l'école des moyens pour s'approcher de ce “délice invariable de l'univers” qui est la vraie saveur de l'existence, mais qui dans la vie ordinaire nous est caché. Des expériences furent ainsi initiées par les disciples de son ashram à Pondichéry, mais c'est à la Mère que reviendra plus tard (dans les années 1950) la tâche de traduire cette vision spirituelle en pratiques pédagogiques avec les enfants de l'école de l'ashram. Dans leur yoga, la joie est omniprésente, intrinsèquement liée à la nature humaine, puisque “toute existence est basée sur la joie d'être et que sans la joie d'être il n'y aurait pas de vie[1]”. Par l'éducation (entendue comme un processus qui dure toute la vie), il est donc possible de se relier à cette transcendance joyeuse, sans que cela implique nécessairement l'adhésion à une quelconque voie religieuse ou dogmatique.

Ce sera aussi la Mère qui donnera l'impulsion à la naissance d'Auroville, motivée par un but bien précis : réaliser l'unité humaine[2]. “Il devrait y avoir quelque part sur la Terre un lieu dont aucune nation n'aurait le droit de dire : « Il est à moi », disait la Mère, où tout homme de bonne volonté ayant une aspiration sincère pourrait vivre librement comme un citoyen du monde [...]. Dans cet endroit, les enfants pourraient croître et se développer intégralement sans perdre le contact avec leur âme ; l'instruction serait donnée non en vue de passer des examens ou d'obtenir des certificats et des postes, mais pour enrichir les facultés existantes et en faire naître de nouvelles. Les titres et les situations seraient remplacés par des occasions de servir et d'organiser ; il y serait pourvu aux besoins du corps également pour tous, et la supériorité

1. La Mère, in *Éducation* (http://www.sriaurobindoashram.com).
2. Recueilli par Satprem dans *L'Agenda de Mère*, Institut de recherches évolutives, 1991.

intellectuelle, morale et spirituelle se traduirait dans l'organisation générale non par une augmentation des plaisirs et des pouvoirs de la vie, mais par un accroissement des devoirs et des responsabilités[1]." Pour bâtir l'utopie, une poignée de jeunes, en majorité des Français, se lancent donc à la fin des années 1960 dans la construction d'un projet de ville de 50 000 habitants. Le site choisi, un plateau à basse altitude, est très inconfortable : il manque d'eau, il est érodé et dangereux. C'est un désert de terre rouge à perte de vue avec, pour toute végétation, un petit arbre au milieu (devenu aujourd'hui l'énorme banian au centre de la ville). Mais la motivation est forte : "Les jeunes arrivaient poussés par un appel intérieur, un rêve d'enfance jamais formulé ni compris", dit un de ces pionniers, un Aurovilien[2] rencontré sur place. C'était un appel intérieur d'ordre spirituel, qui a dû se confronter à la rudesse de la situation extérieure, à la chaleur, aux moussons, à la sécheresse, et à des conditions hygiéniques très dures. Mais il ne faut pas oublier le contexte de l'époque, avec l'explosion de mai 1968 en Europe et le mouvement hippy qui se développait aux États-Unis. Ce rêve d'humanité nouvelle rejoignait donc le rêve de changement social, le *peace and love* de la jeunesse de l'époque, un idéal que reflète aussi la Charte d'Auroville, rédigée au même moment : "Auroville n'appartient à personne en particulier. Auroville appartient à toute l'humanité dans son ensemble. Mais pour séjourner à Auroville, il faut être le serviteur volontaire de la Conscience divine[3]." Concrètement, ces affirmations se traduisent par des principes fondateurs qui régissent la vie de la communauté jusqu'à présent, tels que l'absence de propriété privée (la terre appartient à la Fondation d'Auroville), la frugalité (une pension d'environ 5 000 roupies[4] par mois est versée aux résidents) ou l'entraide (l'échange de services, le volontariat). Ce qui rend la vie tout sauf simple, comme le savent les 2 264 habitants actuels qui continuent à bâtir le rêve non sans difficultés, conflits et phases

1. Sri Aurobindo, *On Education* (Sur l'éducation), Sri Aurobindo Ashram Trust, 1990.
2. Aurovilien s'écrit avec un seul *l*, selon la règle édictée par les habitants.
3. Article 1 de la Charte d'Auroville (1968).
4. Ce qui correspond à environ 70 euros aujourd'hui.

de découragement régulières, mais aussi et surtout (et c'est là que réside la force d'Auroville) avec une détermination hors du commun.

*Contradictions, conflits et avancées...*

Il est plus juste de définir Auroville comme un ensemble de communautés (une centaine), qui développent leurs activités de façon autonome, que comme une seule et unique communauté. De tailles et de caractéristiques diverses, ces ensembles résidentiels différents (qui vont des cabanes en paille à l'immeuble de cinq étages) se situent sur les terres appartenant à la ville et côtoient des villages indiens, sur une superficie totale de vingt kilomètres carrés. Les activités des habitants sont diverses : de l'agriculture et la régénération des sols à l'éducation, en passant par la santé, le travail de proximité, le commerce et l'administration. Tout n'est pas simple. Après plus de quarante ans, la question de l'économie, par exemple, comme celle de la gouvernance, est toujours au centre du débat. En particulier, l'acquisition des terres est un problème majeur pour le développement de la ville, qui ne possède pas encore la totalité du terrain (des parcelles appartiennent à des propriétaires privés non auroviliens, qui spéculent sur la rente de situation). La disparité sociale entre les Auroviliens et les Tamouls en est un autre : "L'économie envisagée par la Mère, sans circulation d'argent, est un défi incroyable. Aujourd'hui, Auroville n'est pas en mesure de subvenir aux besoins de base, tels le logement, l'habillement ou la santé, affirme un vieil Aurovilien, et, de ce fait, beaucoup d'habitants sont obligés de travailler à l'extérieur. On peut dire que ce projet a grandi jusqu'à présent grâce à l'apport d'individus qui ont donné de leur poche pour créer ce qui existe maintenant[1]." Au premier abord, pourtant, ce qui existe est beau, verdoyant, paisible. C'est le résultat tangible d'un travail acharné, d'une lutte contre une nature sauvage, pour rendre un tel environnement viable, sain, à l'aide d'énergies renouvelables et non polluantes. Avec plus de deux millions d'arbres et d'arbustes plantés,

1 Entretien du 6 août 2005.

Auroville est aujourd'hui immergée dans une véritable forêt, la Green Belt (ceinture verte), qui entoure le centre et ses architectures originales, parfois très sophistiquées. Le Matrimandir, temple dédié à la Shakti divine, en est un bon exemple. Situé au centre de la "galaxie" (le plan urbain) dessinée en spirale, cet imposant édifice en forme de sphère dorée attire des visiteurs du monde entier. Les critiques ne manquent pas, comme l'exprime Arjuna, un *dalit* (intouchable) de Pondichéry. Pour lui, le projet d'Auroville est inadéquat par rapport à la réalité sociale et économique indienne : "Il est inadapté à l'Inde dans sa conception, dans sa taille, dans ses matériaux, ça ne colle pas. Cette « boule », je la verrais bien en Suisse, à côté des banques, des magasins de diamants. Tandis qu'ici on aurait très bien pu créer une superbe pelouse ouverte à tout le monde pour faire de la méditation à l'indienne, et non cet endroit aussi coûteux qui est une provocation[1]."

La question est donc profondément culturelle et sociétale. Mais elle ne concerne pas uniquement la présence des Occidentaux, car elle évoque aussi toute la problématique liée aux difficiles rapports que les Tamouls entretiennent avec les Indiens du Nord. Le projet d'Auroville s'est en effet appuyé sur une élite culturelle à laquelle l'ashram de Sri Aurobindo, originaire du Bengale, le berceau intellectuel de l'Inde, est historiquement lié. Sa présence depuis 1910 à Pondichéry avait attiré d'autres intellectuels, hommes de culture, artistes, écrivains, philosophes bengalais qui ne se sont jamais intégrés à la population rurale de la région, en majorité pauvre et analphabète. Cette division, jamais résolue par l'ashram, pour lequel elle ne constituait pas une priorité, continue pourtant d'exister à Auroville et provoque des tensions entre les habitants. Aux Auroviliens du début, il a semblé que la solution pouvait passer par l'éducation des jeunes Tamouls dans les écoles d'Auroville, où les enfants de toutes les cultures étaient mélangés, sans distinction de caste ou de nationalité. "Ceci a marché pendant quelques années, en donnant naissance à une génération de Tamouls auroviliens qui occupent aujourd'hui des postes de leaders et de responsabilité

1. Entretien du 3 mars 2008.

dans la ville", déclare Catherine, une ancienne enseignante de français. Mais ce phénomène est moins vrai aujourd'hui pour des raisons essentiellement économiques, accentuées par l'essor économique global de l'Inde actuelle. Car les Indiens aurovilliens des couches les plus pauvres ne veulent pas inscrire leurs enfants dans les établissements scolaires de l'ashram et d'Auroville, qui sont en dehors du système gouvernemental. Ces écoles, pourtant avancées du point de vue pédagogique, ne délivrent pas de diplômes et, comme la plupart des expérimentations éducatives, restent en dehors du circuit officiel, ce qui représente un autre type d'exclusion pour ceux qui, comme les *dalit*, sont déjà en marge de la société. Cela dit, à Auroville la communauté indienne locale arrive à cohabiter avec le milieu international (sur un total de 44 nationalités différentes, les Indiens représentent 41 % de la population, suivis par les Français, qui représentent 15 %) et des efforts constants sont réalisés pour éviter la séparation : de nouveaux projets intégrés avec les villageois, des centres d'éducation pour adultes, de nouvelles écoles avec un cursus diplômant, des habitats mixtes dans la ville et dans les villages avoisinants. C'est peut-être ce mélange social et culturel, fait de contradictions, d'expérimentations et de progrès, dans un milieu qui assume le conflit comme une composante de l'évolution, qui a fait d'Auroville l'une des rares expériences communautaires qui ont résisté au temps et à l'histoire.

*Le Libre Progrès*

Pour construire le rêve de la cité éducative, "un lieu d'éducation permanente", comme l'appelait la Mère, les Auroviliens ont donc bâti des écoles. En 2008, on pouvait y compter 400 élèves de 24 nationalités différentes, auxquels s'ajoutaient 400 élèves des écoles des villages et du soir. Immergé dans la verdure du campus de la communauté d'Aspiration, le petit bâtiment de Last School accueille aujourd'hui une seule classe d'une dizaine de jeunes, âgés d'entre 12 et 19 ans un nombre très réduit d'élèves par rapport à ses débuts en 1985. En fait, aujourd'hui Last School est "en concurrence" avec Future School, une autre école secondaire d'Auroville qui, tout en se réclamant du même courant de l'*éducation intégrale*, suit un cursus plus traditionnel, avec des notes, des contrôles et des examens  ce qui rassure les parents qui, bien qu'ils soient auroviliens, préfèrent faire des choix plus traditionnels pour leurs enfants. On travaille à Last School selon la pédagogie du Libre Progrès *(Free Progress)*, une méthode à la pointe de l'expérimentation en éducation intégrale et considérée, aujourd'hui encore, comme l'une des plus novatrices. Selon cette approche, les élèves doivent acquérir un certain nombre de connaissances académiques, mais choisissent librement leur plan d'études. L'école ne prépare pas aux examens ni aux diplômes, ce qui préoccupe beaucoup les parents, on l'a vu. Pourtant, cette pédagogie a fait ses preuves depuis longtemps, car elle date de 1960, lorsque l'école de l'ashram[1] menait une expérience pédagogique libérée de programmes et d'examens, avec le but de "rendre les élèves heureux[2]". C'est ainsi qu'est né le Libre Progrès : *libre* parce que les élèves peuvent librement s'orienter vers leurs préférences pendant qu'ils *progressent* vers l'expression la plus haute de leur potentiel. Les sujets d'étude sont choisis sur la base de leurs principaux intérêts, tandis que l'enseignant les guide et les éclaire sur un point ou un autre, en incarnant la figure de "celui qui dissipe les ténèbres" (en sanskrit, le *guru*), dans une posture à la fois distante et présente. Mon enquête m'a amenée à constater les effets spectaculaires de cette pédagogie sur les élèves de tout âge : plus tôt ils sont laissés libres de s'orienter vers leurs centres d'intérêt, mieux ils sont en mesure de se former une personnalité confiante, curieuse et ouverte sur le monde. "La liberté, ça veut dire le choix. Le choix, ça veut dire que tout est proposé et que l'élève choisit ce dont sa nature a besoin pour progresser", me disait un enseignant aurovilien[3]. Par conséquent, il n'est pas nécessaire dans ce contexte que le maître ou l'adulte "préoriente l'élève ou l'oblige à se conformer à des programmes scolaires qui ne lui sont pas adaptés", comme le disait Sri Aurobindo[4].

1. L'ashram de Sri Aurobindo à Pondichéry comprend aussi une école pour les enfants des disciples.
2. Selon les paroles de la Mère, dans Gabriel Monod-Herzen et Jacqueline Bénézech, *L'École du Libre Progrès*, Plon, 1971.
3. Entretien du 6 mars 2008.
4. Sri Aurobindo, *La Synthèse des yogas*, Sri Aurobindo Ashram Trust, 1984.

L'objectif principal de cette méthode est d'aider l'adolescent à trouver la partie de lui-même qui peut prendre en charge sa propre éducation. “Le processus éducationnel de Last School, explique l'un des enseignants, cherche à développer les facultés mentales de l'élève, le pouvoir de la volonté, à affiner l'être esthétique et émotionnel, et à construire tout cela sur un être physique fort et équilibré. Nous essayons de nous adresser à chacune des composantes de la nature psychologique des jeunes, le plus consciemment possible. La tâche de l'enseignant est de suggérer, non pas d'imposer, et pour cette école un large processus de consultation s'avère fondamental.” Le programme de Last School couvre les quatre langues pratiquées dans toute la communauté (anglais, français, tamoul et sanskrit), la littérature et la poésie, les sciences naturelles et les mathématiques, les sciences sociales (histoire, géographie, économie et philosophie) et l'art, qui occupe une place centrale dans l'enseignement. Les jeunes participent régulièrement au processus de prise de décision et aux changements, et leurs opinions sont réellement respectées. L'école est ouverte cinq jours par semaine, de 8 heures à 15 heures. Les étudiants doivent également suivre des activités d'éducation physique tous les jours après les cours.

*L'éducation intégrale*

Le Libre Progrès se fonde sur la vision de l'*éducation intégrale* sujet que l'on a seulement effleuré jusqu'à présent. Comme dans un jeu de poupées russes où un élément en contient un autre, cette approche représente la matriochka la plus grande car c'est d'elle que le Libre Progrès et Last School sont nés. L'éducation intégrale est une notion complexe (mais pas compliquée, comme dirait Edgar Morin) ; elle a inspiré et continue d'inspirer des projets éducatifs (et pas uniquement des écoles) partout dans le monde, mais plus particulièrement en Inde et aux États-Unis. Cette vision intégrale a connu une récente notoriété grâce aux travaux de Ken Wilber, du California Institute for Integral Studies aux États-Unis, et grâce à l'Université intégrale du Club de Budapest en France. Du point de vue de l'éducation, elle commence à être adoptée dans plusieurs écoles à travers le monde, à l'instar de celles de Pondichéry et d'Auroville. On peut reprendre la définition de l'éducation intégrale telle qu'elle est développée dans l'ashram de Pondichéry, à partir de l'œuvre de Sri Aurobindo et en particulier de son livre *Sur l'éducation*[1], où il élabore la théorie de la présence d'une conscience intégrale dans l'esprit de chaque élève, présence que l'acte éducatif doit révéler et aider à s'épanouir. Pour lui, le but de l'éducation coïncide finalement avec l'aspiration la plus élevée de l'homme : développer son être spirituel. Pour ce faire, il faut la concevoir comme un processus de croissance organique permettant d'intégrer les différentes facultés de l'enfant selon son inclination, les étapes de sa progression, ses propres lois de développement, ses dispositions naturelles et sa nature profonde. Ainsi, dans ces écoles on ne s'occupe pas uniquement de l'apprentissage intellectuel des disciplines ou de l'acquisition de différentes notions, mais d'un ensemble de facultés, de sujets et d'éléments d'étude qui doivent être "intégrés" dans le chemin de la connaissance, dans lequel l'esprit occupe la place principale. Il s'agit de favoriser les attitudes et les aptitudes innées de l'enfant, de suivre "son besoin", mais surtout de l'amener vers sa réalisation intérieure : "C'est un espace éducatif basé sur l'intégralité, avec un haut degré de liberté donné par les enseignants et le système même, où je peux m'épanouir en tant qu'être humain, me disait un enseignant et ancien élève. Quand je dis m'épanouir, fleurir, je veux dire que je peux exprimer et construire mon potentiel (découvert par moi-même) afin de réaliser mes facultés innées à tous les niveaux de mon être[2]."

Vu de l'extérieur, ce qui semble faire le bonheur dans cette pédagogie est la grande liberté partagée par le maître et l'élève, une liberté qui s'exprime aussi dans la place donnée aux émotions, car le corps et la sphère émotive ont, dans l'approche intégrale, la même importance que l'intellect : "Quand nous faisons les séminaires, me dit Joan, formateur à l'éveil de la conscience corporelle, nous disons aux enseignants : Maintenant vous pouvez laisser à l'extérieur de cette pièce la partie critique de vous-mêmes, la partie analytique

1. Sri Aurobindo, *On Education, op. cit.*
2. Entretien réalisé le 8 août 2008 à Auroville.

du mental. Autorisez-vous à vivre quelque chose de nouveau. Avec les enfants c'est plus simple, mais c'est la même chose : nous voulons que les enfants sentent les émotions sans penser car tout est tangible, même les émotions. Alors, c'est extraordinaire, c'est une joie dans la totalité[1]."

Comment font les enseignants ? Que se passe-t-il de si différent dans cette école ? Rien et tout, vous répondraient-ils peut-être, comme ils l'ont fait avec moi : "Finalement, on ne sait pas ce qu'est le Libre Progrès et, si on y réfléchit bien, on ne pourrait pas non plus dire ce qu'« éduquer » signifie, tellement ce processus entre l'enseignant et l'enseigné est réciproque, tellement il est soumis à des variantes subtiles comme le temps, la personnalité et l'expérience de chacun. Il y a autant de chemins que d'êtres..." c'est pourquoi il m'a paru indispensable de consigner ici quelques-unes de mes observations sur les cours d'abord une classe de mathématiques, puis un cours d'art.

*Jouer avec les maths*

Il est 8 heures du matin, il ne fait pas encore chaud. Dans une belle salle aux baies vitrées grandes ouvertes sur le parc qui entoure l'école, autour d'une table, trois élèves se concentrent sur leurs cahiers, tandis que quatre autres, tout aussi silencieux, sont assis plus loin, en train de résoudre un problème de maths. Jacques[2], le professeur, a décidé de diviser en deux le groupe, déjà bien réduit, de sept élèves afin de pouvoir mieux les suivre. Idéalement, me dit-il, il aurait voulu les avoir en cours individuel, une heure chacun, mais leur emploi du temps ne le permettait pas. Ils sont donc en deux groupes, "ce qui est déjà très bien, poursuit-il. Je ne sais pas s'ils se rendent compte de la chance qu'ils ont d'être suivis de cette façon, par rapport aux écoles normales." Le cours se fait en français et en anglais, langues dans lesquelles les élèves conversent habituellement, en plus du tamoul et de leur autre langue maternelle, et dans lesquelles sont écrits les livres scolaires. Les élèves revoient des leçons apprises

1. Entretien réalisé le 19 novembre 2007 à Auroville. Voir aussi, de Joan Sala et Aloka Marti, *Éveil de la conscience par le corps*, Le Souffle d'or, 2008.
2. Tous les prénoms ont été changés.

auparavant, ils posent des questions. Les yeux pétillants, se déplaçant rapidement d'une table à l'autre, Jacques, pourtant très calme, se montre plein d'empathie : "Est-ce que ça va ?" ne cesse-t-il de demander. Les élèves l'appellent à tour de rôle pour qu'il leur explique et réexplique le théorème, ce que Jacques fait sans perdre patience. Un élève le questionne encore, je m'attends à une réaction agacée de sa part, mais non : "Tu dois jouer et jongler avec les informations, jouer !" lui dit-il en riant. En effet, plus que dans un cours de maths, on a par moments l'impression d'être dans un atelier de théâtre où le personnage principal danse et sautille d'une place à l'autre, rit, est là pour simplifier la vie des autres et détendre l'atmosphère. Ici, il n'y a pas de problèmes insolubles, la confiance règne et tous sont en train d'apprendre quelque chose qui va bien au-delà du simple théorème : c'est une manière d'être et de fonctionner ensemble face aux défis de l'existence, symbolisés aujourd'hui par le problème de maths, qui se joue là. Demain ce sera autre chose : un problème de logement à résoudre (l'école doit changer de place), les dégâts de la pluie torrentielle dans le jardin, un enfant arrivé récemment qui a du mal à s'intégrer... Auroville est ainsi, tout change et bouge continuellement et les gens, y compris les jeunes, le savent et y sont habitués. "Je ne sais pas combien de temps la situation privilégiée de Last School va durer car nous sommes ici dans un questionnement permanent. Pourtant, je suis confiant et je crois que ces difficultés servent à nous faire grandir." C'est bien de confiance qu'il s'agit de toute évidence car cette instabilité, intrinsèque à la situation même d'Auroville, n'a pas l'air de le déstabiliser et ne lui fait pas perdre le sourire. Comment fait-il ? demandé-je. S'agit-il d'un heureux trait de sa personnalité ou est-ce plutôt ce "quelque chose d'autre" inexplicable que les Auroviliens attribuent à l'esprit même d'Auroville ?

Pour me répondre, Jacques me raconte son histoire. Il est l'un des "pionniers" d'Auroville, car il a débuté sa carrière d'enseignant en 1969, à l'école de l'ashram de Pondichéry. Il a donc participé à l'expérience pédagogique du Libre Progrès et il a connu la Mère, qui l'avait fondée et la suivait de près avec un groupe d'enfants du cours primaire. Il parle de ces années comme des plus belles de sa vie : "C'était vraiment passionnant, dit-il, nous étions libres et protégés en même temps : libres de faire cette expérience avec quelques élèves de notre école, leurs parents étant totalement confiants ; et protégés, du fait que nous étions en dehors du système scolaire public, sans contraintes de diplômes ou d'examens à donner à la fin du cursus. Il faut savoir que tous les enfants ne pouvaient pas suivre le Libre Progrès, qui était destiné seulement à ceux qui étaient « près de leur être psychique ». Ce qui pour moi est vrai car il y a des élèves qui ont besoin d'être encadrés par un système, tandis que d'autres, s'ils sont accueillis dans un environnement propice qui les fait se sentir libres et confiants, vont rapidement reconnaître ce qui les intéresse, à l'école comme dans la vie." Si l'on accepte que l'"être psychique", comme le disait Sri Aurobindo, correspond à quelque chose en nous qui "vient directement du divin et qui est en contact avec le divin", comment un enseignant ou un parent peut-il être en mesure de reconnaître si un enfant est près de cette dimension ? "Ça dépend justement de la capacité qu'a l'enseignant de capter cet aspect chez l'enfant, me répond Jacques. La Mère pouvait le faire tout de suite. Moi, je me base sur l'expérience que j'ai développée pendant toutes ces années. C'est une capacité de l'enseignant à être d'abord près de lui-même pour pouvoir reconnaître l'enfant qui l'est aussi, le révéler. L'élève montre d'abord son potentiel, l'enseignant observe, « cueille » ce que l'enfant offre, comme dans un jeu à deux. Sri Aurobindo disait que le maître doit être avant tout un yogi, reconnaître son être intérieur et guider l'élève vers son épanouissement." Dans la Last School d'aujourd'hui, les élèves semblent effectivement respirer cet air de confiance que Jacques inspire si naturellement. Mon observation se termine, je repars avec de nombreuses questions que je poserai le lendemain, au cours d'arts plastiques : est-ce ainsi tous les jours ? que se passerait-il avec des classes de trente élèves ?...

*L'art comme connaissance de soi*

J'entre dans les Pyramides, le lieu dédié à l'enseignement des arts plastiques pour les écoles d'Auroville, constitué de plusieurs salles où tout le monde se retrouve ensemble, élèves et enseignants confondus. Les âges se mélangent, à première vue on ne sait pas qui est le professeur, on circule d'un atelier à l'autre, une vingtaine de jeunes et d'adultes posent des questions à une femme que j'identifie finalement comme la professeur d'art, Lydia. Elle observe leurs dessins. Comme son collègue Jacques, elle est calme et souriante, elle regarde, répond à une question, suggère, ne critique jamais. C'est vrai que l'atmosphère ici est particulière : c'est peut-être à cause des rayons de lumière qui filtrent de la toiture, de la présence si forte de la végétation, avec le jardin si proche et les plantes tropicales envahissantes (n'oublions pas que nous sommes dans le Sud de l'Inde), et des couleurs qui se reflètent sur les murs blancs de la grande salle. J'ai l'impression de vivre le message de Sri Aurobindo et de son yoga intégral : "rien n'est séparé" dehors ni dedans, en harmonie avec le tout. Je me souviens aussi de ce que la Mère avait dit à propos de cette harmonie si recherchée et dont l'école devait être le lieu privilégié, depuis la plus petite enfance : "Il y a derrière toute chose une beauté, une harmonie divine ; c'est avec cela qu'il faut entrer en contact." De toute évidence, ces artistes, professeurs d'art, sculpteurs, peintres et artisans la recherchent dans les moindres détails. C'est une harmonie esthétique qui envahit les espaces mais aussi l'esprit, car les paroles et les gestes en sont également imprégnés. Comment sont-ils arrivés à créer un espace éducatif qui allie concentration et liberté dans l'harmonie ? "Tout est possible, me répond Lydia. Si un élève arrive avec un intérêt et dit « Je veux faire ça », c'est possible. Il n'y a que les limites de l'élève. C'est quand il n'a pas d'idées qu'on lui propose des travaux structurés. Mais si vraiment un enfant a un intérêt, il peut aller très loin. C'est vrai qu'on a bâti une atmosphère. Et si on en est arrivés là, c'est que nous sommes à l'école d'art de Last School. Nous ne sommes pas un centre d'art quelconque à Auroville[1] !"

1. Interviewée dans l'article "Les Pyramides d'Auroville", *Revue d'Auroville*, novembre 2002.

On sait que le temps destiné à l'art est non seulement valorisé mais central dans cette éducation, mais comment "aller plus loin" avec les élèves ? "Il faut commencer par les mettre en confiance, dit Lydia, pour qu'on puisse capter leur intérêt. Quand ils sont contents d'avoir fait quelque chose, alors on peut demander, et les pousser plus loin. Et pour cela il faut laisser une grande liberté." Toute la relation élève-professeur me semble résumée par le verbe *capter*, qui exprime si bien le niveau d'extrême attention, d'écoute empathique qui caractérise cette approche. Il faut capter et aussi voir, résonner et entendre "avec l'oreille de l'autre", ce qui change toute notre vision de l'éducation et du monde. "Ce qui compte ici est le temps consacré à la recherche de l'idée à mettre en forme, pas tellement la forme en elle-même", ajoute Lydia. Quelle différence avec l'enseignement dans nos écoles d'art, où l'on se concentre d'abord sur la forme et ensuite seulement sur l'idée, l'inspiration... "Quand on a vraiment bâti quelque chose, on fait le mouvement inverse (avec les élèves). On leur dit : Bien, maintenant il faut faire ça et ça. Ça devient obligatoire, mais *avec leur accord*, poursuit Lydia. Je m'en suis aperçue l'année dernière. J'ai pris les grands et je leur ai dit : « Au point où vous en êtes, après trois ans de travail, vous ne pouvez plus vous passer de certaines choses. Si vous voulez continuer en art, vous devez avoir deux heures de dessin, c'est le minimum. » Ils ont dit oui. Et j'attends le moment où, à nouveau, je vais pouvoir laisser complètement ouvert. Ils me diront : « Voilà, on veut aller là. » Ils auront trouvé un fil, mais pas quelque chose d'extérieur[1]." On ne peut qu'être conquis par cette liberté, surtout si l'on observe les élèves auroviliens, qui ont tous l'air d'être bien dans leur peau. À Auroville c'est facile, ai-je envie d'objecter... Où sont les enfants difficiles, ceux qui arrivent avec un bagage d'agressivité à l'école, ces ados en quête de repères qui rendent la vie dure à nos enseignants ? Est-il possible que tout le monde soit beau, que dans cette école tout soit si parfait ? Les mêmes questions reviennent... "Les enfants difficiles ? J'en ai eu, j'en ai encore, réplique Lydia, mais ces enfants le sont beaucoup

1. *Ibid.*

moins quand ils franchissent cette porte, car ça dépend de l'attitude du prof... Le calme s'installe dès que j'entre, je suis capable de ça après des années, ça m'a pris du temps. Avec les enfants difficiles, j'établis un contact profond, je suis en communication directe. Quand il y a ce déclic en eux, quelque chose s'ouvre et leur fait prendre conscience d'eux-mêmes, confiance en eux, alors c'est le plus beau cadeau pour moi. Je les vois, ils me sourient ici et dans la rue, quand je les rencontre. Ils sont heureux de venir ici."

*Des étoiles dans les yeux*

C'est peut-être pour cela qu'à la Last School, tout comme dans d'autres écoles de l'éducation intégrale, les jeunes ont souvent "des étoiles dans les yeux", comme le disait si bien une formatrice, qui ajoutait : "Il y a beaucoup de joie, de bonheur qui circule. Les élèves ont beaucoup de confiance en eux, ils développent des qualités sociales et des valeurs comme l'honnêteté et la responsabilité : par exemple, ils décident des leçons du jour et peuvent s'exprimer librement[1]." Laissons-leur donc la parole et écoutons un élève de la Last School[2]. Franck est un garçon de 17 ans, très vivant, plein d'humour. Il est né à Auroville, raison pour laquelle il se définit comme étant "de nationalité universelle". Je lui pose mes questions habituelles sur la base d'une fiche élaborée sur le bien-être et la joie à l'école.

*Antonella. Quand tu te réveilles le matin, es-tu heureux de venir à l'école ?*
*Franck. Oui, très! Parce que c'est complètement mon choix ! Ici c'est une atmosphère ouverte avec tout le monde qui travaille ensemble pour son propre développement.*
*A. Est-ce que le programme correspond à ce que tu désires ?*
*F. Oui, parce qu'il est assez intéressant, et puis j'ai du temps pour mes activités extrascolaires. J'enseigne le foot, j'aime beaucoup, tu es italienne, tu devrais savoir !*
*A. Qu'est-ce que tu penses de l'atmosphère en classe ? Tu t'ennuies ? Es-tu attentif?*

1. Entretien réalisé le 23 février 2008 à Pondichéry.
2. Entretien réalisé le 18 février 2008 à Auroville.

*F. Je la trouve assez légère, malgré la concentration (ils nous font travailler !), il y a du respect entre nous tous. Je m'y sens bien, à l'aise, dans mon élément. Je trouve l'atmosphère même joyeuse !*

*A. Comment trouves-tu tes enseignants ?*

*F. Ils sont très engagés, je me sens soutenu, c'est rare qu'ils m'en demandent trop. Même si parfois je trouve que par rapport à mon emploi du temps il y a trop de travail, mais je reconnais que c'est moi qui suis très occupé en dehors d'ici.*

*A. As-tu choisi d'aller à l'école ?*

*F. Ce n'est pas une obligation, les diplômes ne m'intéressent pas ! Je l'ai choisi. Ça me plaît de venir ici, c'est vrai ! Les règles de l'école ne sont pas très strictes, et puis je peux personnaliser mon programme d'études, si quelque chose m'intéresse davantage, je peux le dire aux profs et l'approfondir. Et aussi ne pas faire des choses que je n'aime pas, même si je dois dire pourquoi, le justifier.*

*A. Tu voudrais changer quelque chose dans ton école ? Tu as des idées qui pourraient améliorer ta qualité de vie à l'école ?*

*F. Surtout pas ! C'est très bien ainsi !*

Il y aurait encore beaucoup à dire sur cette école et sa pédagogie : chaque fois que des parents ou des enseignants m'interrogent à ce sujet, dans le désir d'en connaître davantage, je leur conseille de ne pas se fier aux témoignages des autres mais, dans la mesure du possible, d'en faire l'expérience directe. Une expérience toujours forte après laquelle, dans un sens ou dans un autre, ils ne seront jamais les mêmes, car Auroville favorise le questionnement existentiel et la remise en cause. J'ai connu des personnes qui, comme moi, ont été attirées dès le premier instant, et d'autres qui, au contraire, ont vite refait leurs bagages. Il faut, comme pour tout, pouvoir se confronter à cette philosophie de vie, pour pouvoir la comprendre du dedans. Je voudrais conclure avec les paroles d'une enseignante qui, par elles mêmes, résument la nouvelle façon d'appréhender l'éducation qu'Auroville tente d'expérimenter. C'est, je crois, grâce à elle que j'ai décidé de travailler sur l'éducation à la joie : "Il y a eu un temps où, pour voir la valeur de ce que tu apprenais, il fallait souffrir

Vous aussi, vous avez dû souffrir, rester assis pendant des heures sur les bancs de l'école, avec des enseignants sévères, souffrir pour voir la valeur de ce que vous aviez appris. Mais maintenant, nous sommes dans un autre moment, dans lequel nous pouvons tous voir la valeur de ce que nous avons appris, ne plus souffrir, être dans la joie. Dans ce nouveau monde, c'est apprendre pour la joie d'apprendre[1]."

*Last School*
*Transformation*
*Auroville, Tamil Nadu, 605101 (Inde)*
*http://www.auroville.org*

**Altinopolis et ses écoles d'éducation à la paix (Brésil)**

"Finie, la distribution de lait chaud pour ce matin. La cantinière range louche et seau fumant. Bientôt 8 heures, le cours de taï chi quotidien va commencer : sous le préau du collège Joaquim da Cunha d'Altinopolis, le brouhaha des élèves s'estompe tandis qu'ils se mettent en rangs. Le professeur de taï chi est absent, c'est l'un des élèves qui va le remplacer. Juché sur une estrade, devant ses quelque cinq cents camarades, il entame les mouvements séculaires. Et les autres de l'imiter. Dans un silence parfait désormais, les adolescents se concentrent, tâchent de trouver le calme intérieur avant de commencer leur journée. « Avec le petit-déjeuner gratuit sur place, ces dix minutes de taï chi sont une façon de les accueillir le matin. C'est aussi un moyen d'équilibrer le physique et le mental. Les professeurs se plaignaient de leur excitation en début de cours. Cela a beaucoup changé », se félicite Marco Ernani, le maire d'Altinopolis, petite ville de 15 000 habitants située au Nord-Est de l'État de São Paulo", rapporte un article paru dans *Le Monde* en 2004[2].

1. Entretien réalisé le 17 mars 2006 à Auroville.
2. Lorraine Rossignol, "Altinopolis, une utopie brésilienne", *Le Monde*, 1er octobre 2004.

C'est vrai, dans les rues d'Altinopolis on respire quelque chose d'impalpable, une atmosphère paisible, sans doute due à la pureté de son air, à la présence de la petite montagne adossée aux maisons et des champs de café si proches, mais pas uniquement... C'est quelque chose qui devient plus clair dès qu'on entre dans ses écoles et ses centres sociaux que ce maire un peu particulier a créés lors de ses trois mandats[1] : un air de paix et de calme, mélangé à l'effervescence du caractère brésilien  un cocktail assez surprenant. C'est sans doute dû au fait que dans ces écoles, après le taï chi du matin, on enseigne l'*art de vivre en paix*[2], un programme d'éducation à la paix élaboré par Pierre Weil, un psychosociologue français établi au Brésil, que j'ai eu le privilège de connaître. Le Dr Nanão – c'est ainsi que les habitants appellent leur maire –, médecin pédiatre de son état, a entièrement suivi cette formation, dans le but de l'introduire dans les programmes pédagogiques et dans les administrations de sa commune (non sans provoquer des résistances). Pendant mon séjour à Altinopolis[3], j'ai visité des écoles et des centres de loisirs, des bureaux, des maisons d'accueil et des fermes où des gens pauvres, des jeunes enlevés à la rue, des enseignants fatigués mais enthousiastes étaient très conscients de l'importance de leur tâche de *semeadores* (semeurs) de paix. Au point qu'ils sont devenus, pour beaucoup d'entre eux, des éducateurs de paix dans le cadre du programme de dialogue interreligieux "Essaimer", soutenu par la mairie. Leur tâche spécifique consiste à travailler avec d'autres jeunes et moins jeunes, sur des valeurs communes aux douze cultes d'obédience chrétienne représentés dans la ville (catholiques, évangéliques, pentecôtistes, presbytériens, etc.). Cela se traduit par des rencontres régulières de lecture de la Bible  le livre que tous partagent  et des discussions sur l'amour, le pardon et la fraternité. C'est un enseignement qui, comme l'affirme le Dr Nanão, "est né d'un besoin, face à la montée de la violence dans les écoles de notre pays". Pour lui, "la

1. De 1992 à 1996, de 2001 à 2005 et de 2009 à 2013.
2. Pierre Weil, *op. cit.*
3. Outre mon séjour à Altinopolis (du 16 au 19 août 2003), j'ai réalisé plusieurs entretiens avec Marco Ernani (le dernier datant d'octobre 2011 à Paris), dont l'action citoyenne commence à être reconnue en dehors de son pays.

seule issue est la spiritualité", une spiritualité qui est, par contre, enseignée librement (les leçons ne sont pas obligatoires), ouverte, a-religieuse ou, pour le dire avec les mots de Basarab Nicolescu, le fondateur de la vision transdisciplinaire qui inspire l'action du maire[1], "transreligieuse" (qui va au-delà des religions et les traverse).

*Une pédagogie de la paix pour la ville*

La pédagogie de toutes les écoles et la gestion de la ville d'Altinopolis sont axées sur la paix. C'était déjà le cas en 2003 (lors du premier mandat du maire) et, après une brève interruption, ça l'est à nouveau aujourd'hui puisque, le Dr Nanão bénéficiant d'un nouveau mandat et d'un peu plus d'expérience, ses concitoyens l'ont retrouvé, un peu moins interventionniste et paternaliste, et plus ouvert au dialogue. Néanmoins, si l'on se fie aux statistiques, dès 2003 les résultats de ce programme de paix, auquel participaient les 3 000 jeunes des onze écoles communales, lui donnaient pleinement raison. Dans cette petite ville où le niveau de vie des habitants est très bas et le taux d'alcoolisme, par contre, très élevé, la petite délinquance avait baissé de 90 %, quatre ans seulement après les premières formations à la paix. "Les résultats de cette politique de non-violence sont très positifs chez les enfants. On peut le vérifier à leur regard, à leur sourire, dans leurs gestes. Ils témoignent de la récupération d'une confiance perdue", déclare le maire. Et le commissaire de police ajoute : "Désormais, les seuls problèmes auxquels nous devons faire face sont les cas de violence entre les conjoints ou ceux qui sont dus à l'alcoolisme" c'est pourquoi la matraque a remplacé le pistolet. Ce changement radical s'explique par la mise en place des ateliers éducatifs de Santa Cruz, connus comme lieu de rencontre et de rassemblement des jeunes avant ou après l'école. Dans ces ateliers, on pratique la capoeira, la danse, la guitare ou le jardinage, des activités très populaires parmi la jeunesse qui désormais ne flâne plus dans les rues d'Altinopolis. "De nombreux jeunes apprennent à Santa Cruz un art ou

1. Voir en particulier le livre de Basarab Nicolescu, *La Transdisciplinarité. Manifeste*, éditions du Rocher, 2002.

un savoir-faire dont ils sont désormais équipés pour la vie. On est loin de la réalité que connaissent bien des enfants de São Paulo, à cinq heures de route d'ici. Sur les deux hectares de Santa Cruz, les jeunes sont chez eux, comme en autogestion : ce sont eux qui prennent soin des jardins et des parterres, des allées de flamboyants et de palmiers qui desservent les baraquements. Les plus grands s'occupent des plus petits, les anciens apprennent aux débutants. Mais les adultes sont rares. Non qu'ils n'aient pas leur place, car ici la confiance est de mise. Simplement, comme il n'y a à Santa Cruz ni contrainte, ni rébellion, ni dispute, leur présence se fait moins nécessaire[1]." Quel est donc le secret cette éducation ?

En premier lieu, la vision fondatrice, qui consiste à éduquer les enfants aux valeurs inséparables que sont le bonheur et la paix ; ensuite, la méthodologie, qui est transdisciplinaire. C'est-à-dire, en pratique, que les enseignants doivent faire l'effort de sortir du terrain sécurisé de leur propre discipline et travailler avec, entre, à travers et au-delà des programmes scolaires traditionnels. Ici, on prend en considération le tout et ses parties. Dans le cas des éducateurs d'Altinopolis, cela se traduit par exemple, pour les enseignants, par des formations régulières spécifiques à cette approche ; par la création d'espaces communs où toutes les matières enseignées peuvent se confronter ; et aussi par la mise en place tous les matins d'espaces de parole avant les cours (de 7 à 8 heures). Les conséquences directes de telles mesures se décèlent surtout dans la capacité accrue de ces maîtres et professeurs à veiller à l'état de bien-être de chaque élève, un bien-être qui va exactement dans le sens de notre définition, c'est-à-dire global, intégral. C'est une éducation qui se fonde sur la liberté, la créativité et l'inclusion des différences culturelles, religieuses, sociales, physiques... Ce dernier élément en particulier  l'inclusion  a été depuis le début le moteur de chaque action éducative à Altinopolis, un "agent propulseur" grâce auquel ont vu le jour des programmes tels qu'"Essaimer" ou "L'Espace ami". L'objectif précis est de préparer les professeurs à éduquer

1. Lorraine Rossignol, *op. cit.*

non seulement à l'acquisition d'un savoir, mais surtout à la transformation des consciences et des mentalités, en ayant recours à des méthodes inédites, telle la "pédagogie de l'amour" qui s'adresse surtout aux exclus, à ceux qui sont perçus comme "différents" dans notre monde. Ceci est possible parce que les enseignants sont convaincus que l'amour, tout comme la solidarité, s'enseigne au même titre que la géographie ou les maths.

*Des ateliers pour apprendre la bienveillance*

Une grande attention est apportée à l'accueil, qui est organisé selon un programme d'ateliers semestriels et quotidiens, réalisés avec les enseignants dans toutes les écoles d'Altinopolis. En voici deux exemples :

- L'accueil semestriel : les cinq premiers jours de chaque semestre, l'école est en fête et organise des chasses au trésor, des chants, des bals, des jeux de clown et des compétitions sportives. Les classes souhaitent la bienvenue aux nouveaux élèves. L'objectif est de les intégrer en leur offrant un milieu accueillant, agréable, et de réduire l'impact de la transition de la famille à l'école. Ceci dans le respect de l'identité de chaque enfant, de son histoire, de son monde et de ses rêves ;
- L'accueil quotidien : chaque jour, les élèves arrivent à l'école avec trente minutes d'avance pour un cours collectif de taï-chi-chuan guidé par un maître, afin de travailler sur l'harmonie, la discipline et la concentration des jeunes.

Instaurés initialement pour appliquer les Parâmetros Curriculares Nacionais (PCN), qui veillent au respect et à l'exercice de la citoyenneté pour chaque enfant, les programmes d'accueil semestriel et quotidien visaient à attirer un plus grand nombre de jeunes à l'école, en les sortant des rues et en leur offrant une image de l'école agréable et ouverte. Le résultat a dépassé les attentes : par exemple, la pratique de l'accueil quotidien par le taï chi a donné des résultats extrêmement positifs sur les élèves qui sont en général plus sereins, concentrés, sociables, disponibles et motivés. Selon les enseignants, cette activité a aussi contribué à resserrer les liens entre eux et les élèves les plus "difficiles" qui, grâce à cette atmosphère bienveillante, arrivent à partager un peu de leur histoire familiale.

On peut citer également le programme d'alphabétisation "Camino suave" (Doux chemin), grâce auquel des jeunes en difficulté, déscolarisés, parfois victimes ou auteurs de violences, arrivent petit à petit à reconquérir, dans ce climat de bienveillance, la confiance en soi. C'est le cas de Baptista, un jeune homme qui, accusé d'homicide involontaire et encore mineur, a appris à jouer de la guitare classique comme un grand virtuose, grâce au fait que, dans cette école, la musique (et l'art en général) occupe une place privilégiée, même par rapport aux disciplines scolaires traditionnelles. Il en va de même pour l'écologie, la nature et le rapport direct des élèves avec les rythmes de la terre. C'est pourquoi les jeunes apprennent à planter et soigner un jardin potager sous la conduite du vieux Señor Joao, un jardinier hors du commun qui est aussi un extraordinaire psychologue et qui arrive à conquérir la confiance des jeunes, même les plus fermés, tout en plantant des herbes aromatiques. "Je suis venue ici parce que je n'ai pas de père, donc je suis venue te voir à la place", lui a dit une élève le jour de la fête des Pères. La pédagogie de l'amour montre ses résultats.

À ce propos, il est intéressant de noter, comme l'a fait la chercheuse Mara Lucia dos Reis Marino dans son travail de doctorat[1], le rôle du psychologue professionnel dans les programmes éducatifs d'Altinopolis une figure qui est présente dans presque tous les secteurs de la ville : les écoles (pour les élèves, les parents et les enseignants), l'hôpital, les urgences ou les bureaux de santé publique. C'est une fonction très complexe car, par exemple, pour être en mesure de travailler dans les écoles, il lui est demandé de suivre une formation pédagogique en plus de ses qualifications. En 2008, remarquait Mara Lucia, "le psychologue développait ses activités comme un thérapeute en soignant *toutes* les dimensions de l'être humain, du physique au mental, des émotions à l'esprit (en accord avec les concepts les plus actuels de l'OMS)". Bref, une vraie révolution dans le cadre de l'école. Et, comme toute *novation*,

1. Mara Lucia dos Reis Marino, *Altinopolis, una utopia brasiliana. Analisi d'una esperienza di educazione alla pace e non violenza come pratica alternativa all'educazione popolare*, thèse de doctorat en sciences de l'éducation, sous la direction du professeur A. Genovese, université de Bologne, 2008.

tout sauf facile à faire accepter. Les raisons sont multiples et toujours les mêmes, au Brésil comme en France, la première étant la résistance au changement. Car le processus entrepris par l'éducation à la paix est systémique (soi-même, les autres, le monde et l'univers), et donc long et profond. Chaque travail d'écologie personnelle, selon l'expression de Pierre Weil, demande que l'on soit prêt à se mettre d'abord en jeu soi-même. Mais comment travaillent les enseignants d'Altinopolis ? Comment fonctionne concrètement un atelier d'éducation à la paix ?

*La formation des enseignants*

Un tel projet ne peut pas fonctionner sans que les enseignants soient formés de façon continue et structurée. Voici deux exemples des séminaires ouverts à tous les professeurs des écoles d'Altinopolis :

- La formation continue : huit heures par mois, tous les enseignants se retrouvent pour travailler en groupe sur la base de la psychologie transpersonnelle, en relation avec les programmes ministériels. Les objectifs sont d'intégrer le savoir-être dans le processus éducatif, de révéler les points de tension dans les relations interpersonnelles du corps enseignant, d'apprendre les bases de la "pédagogie de l'amour", en développant des techniques appropriées ;
- L'heure de travail pédagogique collectif (HTPC) : tous les matins, une heure avant les cours, les enseignants d'une même école se retrouvent dans un espace collectif. L'activité commence par des techniques d'harmonisation, des exercices de respiration, de relaxation, de visualisation ou de méditation. Ensuite, des textes portant sur l'éducation, les intelligences multiples, la psychologie du développement ou la gymnastique cérébrale sont lus, étudiés et commentés. Le but est de créer un espace collectif et transdisciplinaire d'apprentissage, en accord avec les fondements de la "pédagogie de l'amour" et les exigences de la loi brésilienne en matière d'enseignement (LDB).

Interrogés à propos de l'utilité de ces initiatives, les enseignants ont tous confirmé, sans exception, les effets positifs sur leur travail au quotidien de ces moments de réflexion commune. "Au début je résistais à l'idée de me réveiller une heure plus tôt pour me rendre à l'école, me dit une enseignante, c'était une heure prise à mon temps libre, sur un emploi du temps assez chargé et dense. Nous travaillons ici avec une population d'enfants venant de milieux pauvres, parfois violents. Même au niveau émotionnel c'est très chargé car, grâce au climat de bienveillance que nous avons réussi à créer à l'école, les enfants se confient à nous. L'enseignant devient ainsi une figure importante, un soutien, parfois leur seul soutien... On peut donc comprendre que la coupure soit nécessaire pour se retrouver, prendre de la distance. Mais j'ai cédé aux invitations du maire, j'ai commencé par y aller un matin, le lendemain aussi, et finalement maintenant je suis là tous les jours. Je me suis vite rendu compte que ces heures « volées » à notre temps libre nous faisaient économiser du temps à l'école ! C'est du temps de gagné parce que nous arrivons à mieux nous coordonner entre collègues, et le climat de confiance que nous voulons faire passer entre les enfants commence à exister aussi entre nous !"

L'éducation à la paix, l'art de vivre en paix constitue le fondement de chacune de ces formations. On l'a vu, le processus utilisé par cette approche est systémique, régi par un programme pédagogique cohérent, qui procède d'une dimension intérieure vers l'extérieur : il s'agit de former l'enseignant à l'art de vivre en paix avec soi-même, avec les autres et ensuite avec la nature. Pour en donner un exemple, voici comment se répartissent les méthodes pédagogiques employées dans le premier séminaire de formation[1] :

- *Séance préliminaire*
  - Motivation initiale des participants et création d'un climat de confiance, chaleureux et gai (danse et questions).
- *Passé, présent et futur de l'humanité*
  - Emploi de la méthode "remue-méninges" *(brainstorming)*, qui vise à faire un bilan du passé, du présent et du futur, et à prendre conscience

1. D'après le manuel *L'Art de vivre en paix*, *op. cit.*

de la distance considérable qui sépare les idéaux de paix de l'humanité et la réalité, qu'elle soit d'hier ou d'aujourd'hui.

- *Les obstacles à la paix*
  - Bref résumé de la théorie fondamentale du processus de destruction de la paix.
- *La paix avec soi-même*
  - Genèse de la névrose du paradis perdu : démonstration théorique et jeu de rôles.
  - La paix du corps : relaxation et conseils alimentaires.
  - La paix du cœur : prendre conscience des émotions destructrices ; visualisation d'un nouveau scénario constructif ; les psychothérapies ; les qualités du cœur et leur éveil.
  - La paix de l'esprit : comment sortir de la fragmentation ; la danse de la vie ; la méditation ; les expériences culminantes ; vers une échelle des valeurs "constructives".

Outre ce programme[1], déjà assez complet, les enseignants d'Altinopolis ont travaillé en collaboration avec des conseillers dans le domaine de la santé et de l'alimentation, ainsi qu'avec des thérapeutes de différentes écoles. L'institutrice Kathia, qui a été avec le maire à l'origine de la diffusion du programme d'éducation à la paix dans toutes les écoles, me parlait à ce propos de la réaction de rejet, parfois, de la part de ses collègues qui voyaient avec suspicion l'entrée à l'école des techniques d'harmonisation, de relaxation ou de méditation. Au début, personne ne voulait participer, mais ces nouvelles méthodes ont commencé à montrer leurs effets – la "pédagogie de l'amour", par exemple –, à changer progressivement l'atmosphère d'abord de la classe, puis de l'école entière. Aujourd'hui, alors que ce maire pacifiste exerce son troisième mandat, les enseignants connaissent déjà les bénéfices de cette éducation et "y vont" spontanément. Il faut préciser qu'au Brésil, la loi permet au maire de décider des orientations pédagogiques des établissements scolaires publics

1. Formation dispensée par l'UNIPAZ.

de sa commune, ce qui a donné au Dr Nanão carte blanche dans beaucoup de secteurs de la ville. Étant donné le caractère global et transdisciplinaire de ce programme, ses actions dépassent le cadre scolaire et rejoignent, par exemple, le domaine de la santé. De ce fait, puisque le bien-être d'un enfant à l'école est vu comme un tout, on se préoccupe aussi du bien-être de ses parents qui reçoivent chaque jour un panier avec le dîner du soir, préparé le matin par le chef cuisinier de l'école. En échange, on leur demande de participer à la vie citoyenne d'Altinopolis, par exemple en prenant part aux ateliers socio-éducatifs pour les mères de famille.

Un peu comme celle d'Auroville en Inde, cette expérience est assez unique en son genre. Elle est, bien sûr, liée à la personnalité atypique du maire, Marco Ernani, dont l'enthousiasme est contagieux et que ses détracteurs politiques ont du mal à classer : trop révolutionnaire pour la droite, trop spirituel pour la gauche... Peu lui importe : "La politique que j'ai menée ici est comme une semence plantée à l'endroit le plus important : le cœur des enfants. Ainsi, elle continuera à s'épanouir longtemps", déclarait-il dans son interview au *Monde* en 2004. Aujourd'hui, non seulement il persiste et signe, mais il est devenu la preuve vivante que changer est possible, même à l'intérieur d'un système politique établi. C'est un changement collectif qui ne peut pas se faire sans que sa propre transformation personnelle y soit engagée. Heureusement, après de décennies de politique active, Marco n'a pas perdu les qualités qui sont le propre de l'enfance : la capacité d'émerveillement, restée chez lui miraculeusement intacte, avec ce besoin urgent de "réenchanter" le monde, comme il le dit.

*Altinopolis*
*État de São Paulo*
*Brésil*
*http://altinopolis.sp.gov.br*

**L'école primaire alternative Jonathan à Montréal (Canada)**

Je suis allée au Québec, attirée par la façon qu'ont les Québécois d'évoluer sur le terrain complexe de l'éducation. Avec, je l'avoue, une ignorance totale du pays et vaguement influencée par l'exaspération de certains enseignants, critiques par rapport au système québécois, je m'attendais à trouver un petit nombre d'écoles expérimentales, en majorité privées et, un peu comme en Europe, principalement occupées à défendre leur place et leur existence dans un système hostile. J'ai eu la surprise de découvrir non seulement que le nombre des écoles expérimentales n'est pas si petit, mais qu'elles sont aussi publiques et expérimentées, puisqu'elles existent depuis des décennies. Je suis donc revenue de Montréal avec l'impression que le changement dans l'éducation (pratiques pédagogiques innovantes, approche éducative centrée sur l'enfant, relation empathique enseignant-élève, respect des rythmes de l'enfant, etc.) était, finalement, possible aussi dans le système public puisqu'il y a des gens qui le réalisent depuis plus de trente ans ! Il faudrait alors se demander comment et pourquoi les Canadiens y arrivent, alors qu'ici en Europe, c'est tellement plus difficile... Ont-ils quelque chose que nous n'avons pas ? Mis à part un penchant prononcé pour la convivialité et une plus grande simplicité dans les relations humaines qui sont, en général, plus directes, les problèmes que rencontrent enseignants et parents sont les mêmes que partout ailleurs. C'est peut-être à cause de la mondialisation mais, au niveau des politiques sociales, il m'a semblé reconnaître les mêmes contraintes, les mêmes diatribes entre conservateurs et progressistes, le même immobilisme des administrations et des institutions. À l'école, les enjeux de collaboration entre toutes les parties en présence, des syndicats d'enseignants jusqu'aux élèves, sont identiques aux nôtres. Il en va de même pour les références éducatives, les pédagogies et les approches, ainsi que pour la vision du développement intégral de l'enfant. Ce qu'il y a de différent est résumé dans la citation de Mark Twain que j'ai placée en tête de ce chapitre : "Ils ne savaient pas que c'était impossible, alors ils l'ont fait" citation que l'on pourrait appliquer à tous ceux qui osent apporter de la "novation" dans le système établi. Au Québec, j'ai rencontré des personnes "qui l'ont fait", en commençant par les actions passées pour fonder le mouvement des écoles alternatives. Leurs atouts ? La motivation, la persévérance, la connaissance du travail en équipe et surtout une forte détermination à ne pas oublier le rêve qui les a poussés au début de l'aventure.

*Le mouvement de l'éducation alternative au Québec*

Dans ma recherche d'écoles qui éduquent à la joie, je suis tombée sur *l'école primaire alternative Jonathan* à Montréal. Cette école fait partie du Réseau des écoles publiques alternatives au Québec (REPAQ)[1], qui réunit aujourd'hui 31 établissements. Ce mouvement alternatif remonte à 1955, année où a été créée la première école privée Freinet du Québec, en réponse aux modèles idéologiques et pédagogiques dominants dans les années 1950. À la suite du refus de la commission scolaire locale d'intégrer cette école au secteur public, elle fut fermée en 1968. "Le chemin était cependant tracé pour l'innovation !" comme l'affirme le texte de présentation du REPAQ, car, en 1962, une autre école innovatrice privée naît à Outremont, qui réussit à devenir par la suite école publique sous le nom d'école Nouvelle-Querbes. "Sa fondatrice, Mme Denise Gaudet, s'associa ensuite à Charles Caouette, professeur à l'époque au département de psychologie de l'université de Montréal, et à un certain nombre de parents de Saint-Laurent pour fonder la première école à porter le qualificatif d'« alternative », l'école Jonathan. Depuis ce moment, il existe une trentaine d'écoles publiques alternatives[2]."

Le réseau d'écoles différentes s'étend sur une bonne partie du territoire québécois, même si la plupart de ces établissements (18) se trouvent dans la région métropolitaine de Montréal. 27 d'entre eux sont de niveau primaire, répartis au sein de 16 commissions scolaires[3] et de 9 régions administratives.

1. REPAQ : http://www.repaq.qc.ca.
2. *Ibid.*, page d'accueil.
3. "Une commission scolaire, ou conseil scolaire, est, au Canada, un organisme indépendant qui gère les écoles primaires et secondaires publiques sur un territoire géographique déterminé ou selon un autre mode de découpage, par exemple linguistique ou religieux. Il peut exister aussi une combinaison de ces critères." (Wikipédia, consulté le 27 juin 2012.)

Une école publique alternative peut accueillir entre 40 et 500 élèves : environ 7 000 élèves fréquentent ces écoles au Québec, dont 5 000 au primaire et 2 000 dans le secondaire. 300 enseignants y travaillent, souvent en début de carrière (la moitié d'entre eux ont moins de dix années d'expérience dans l'enseignement). Les écoles publiques alternatives sont en majorité autonomes. Une minorité seulement doit cohabiter avec une école publique "régulière" et partager la direction en tant qu'"alternative" à la pédagogie traditionnelle. Les performances des élèves ne font pas partie des critères d'admission, la priorité étant donnée au contact direct avec les familles afin de vérifier leur adhésion au projet éducatif de l'école. L'entretien d'admission a pour but principal de sonder la disponibilité des parents à participer comme coéducateurs à la vie scolaire. Pour la plupart de ces écoles, cet engagement (qui peut aller de quatre heures par mois à quinze heures par an) devient même obligatoire, jusqu'à faire signer un contrat aux parents. Les demandes d'inscription sont de plus en plus nombreuses tandis qu'en proportion, le nombre des écoles alternatives augmente très lentement.

Ces écoles ont chacune leur personnalité propre. Si certaines d'entre elles s'inspirent de la pédagogie Freinet, d'autres sont axées principalement sur le modèle pédagogique de John Dewey, pour qui "on apprend en faisant" et où l'enfant doit agir plutôt qu'écouter. En général, ces écoles sont fortement inspirées par le mouvement de l'Éducation nouvelle, avec des caractéristiques communes, de grands principes invariants qui fondent depuis trente ans le mouvement de l'école publique alternative québécoise :

1. L'école publique alternative constitue une communauté d'appartenance et, à ce titre, est accessible à tous les parents, à tous les enseignants et à toutes les directions qui adhèrent aux valeurs et idéaux de son projet éducatif.

2. La réussite d'un élève tient à l'atteinte de sa pleine mesure, voire à son dépassement, tant à la maison qu'à l'école.

3. L'élève exploite ses différences individuelles, ses forces ou ses faiblesses, tout en contribuant à la communauté éducative qui l'entoure et le supporte.

4. L'intervention éducative des enseignants et des parents s'axe autour du projet de l'élève comme moteur de son autonomie.

5. L'intervention éducative des enseignants et des parents mise sur le goût d'apprendre et sur les intérêts personnels de l'élève, pour qu'il devienne un apprenant à vie.

6. L'intervention éducative des enseignants et des parents prépare l'élève à jouer un rôle actif dans une société plus juste, plus solidaire et plus planétaire.

7. Parents, enseignants et élèves forment une communauté d'apprentissage dans un esprit de coéducation.

8. Les enseignants forment une équipe qui agit comme ressource et guide de l'élève dans sa formation.

9. Direction, personnel, parents et élèves cogèrent l'école comme une communauté de vie.

10. L'école publique alternative constitue une communauté de recherche et de développement formée d'élèves, d'enseignants, de parents et d'une direction[1].

Mon introduction dans ce monde "alternatif" ne pouvait avoir de meilleur guide que le professeur Caouette, l'un de ses fondateurs, dont l'esprit libre et la finesse intellectuelle et humaine ont grandement contribué à faire avancer la réflexion pédagogique au Québec. Un des premiers points de discussion que nous avons abordés concerne l'adjectif *bon* qui, accolé au substantif école, donne trop souvent lieu à des malentendus sans fin, comme on l'a vu précédemment. C'est la raison pour laquelle je choisis plus volontiers l'expression d'"école où il fait bon aller" à la place de "bonne école", qui est la préoccupation première de tous les parents du monde.

1. Cette liste, ainsi que toutes les informations contenues dans cette section, sont tirées du document *L'École publique alternative québécoise d'hier à aujourd'hui*, disponible sur le site Internet de l'école Jonathan : http://www.ecolejonathan.info.

*Antonella. J'ai souvent remarqué que les obstacles au changement et l'innovation pédagogique viennent beaucoup aussi du côté des parents, et ceci, même dans un réseau scolaire alternatif. Quel est ton avis par rapport, par exemple, à cette obsession de la "bonne école"? Est-ce qu'on la retrouve dans les écoles alternatives que tu connais ?*

*Charles. Disons tout d'abord que ces écoles ne prétendent en aucune façon constituer des réponses à tous les problèmes ni être devenues les "bonnes écoles". Elles veulent tout simplement être des lieux où l'on cherche, de façon honnête et ouverte, à mieux rejoindre l'objectif premier de l'éducation ou du ministère de l'Éducation, soit le développement intégral et harmonieux de chaque individu.*

*A. Est-ce que cela suffit pour rassurer les parents ?*

*C. Oui et non. On peut trouver formidable un tel modèle éducatif et souhaiter idéalement qu'il soit adopté un peu partout au Québec. Actuellement, s'il n'y a pas plus de 10 % des parents au Québec qui veulent réellement une telle école pour leurs enfants, c'est que les adultes, tant les enseignants que les parents, souhaitent beaucoup plus la sécurité pour eux-mêmes que la liberté pour leurs enfants. Qu'y a-t-il de plus rassurant que des programmes minutieusement élaborés par des spécialistes, des techniques d'enseignement bien rodées et un système d'évaluation normalisé et standardisé, permettant d'attribuer une cote Z à chaque enfant de la province et un rang à chaque établissement ? Un tel système est en effet très rassurant, aussi longtemps qu'on ne se pose pas trop de questions. Par exemple, si les évaluations visent davantage à mesurer l'efficacité du programme que la compétence de l'élève, et si les programmes ne servent en fin de compte qu'à préparer les élèves à passer les examens... Les écoles publiques alternatives démontrent par contre que des changements réels sont possibles pour ceux qui assument la tâche et la responsabilité de les faire. L'expérience de l'école Jonathan, par exemple, démontre que les enfants y font, au niveau primaire, les mêmes apprentissages formels que les enfants des autres écoles. De même, une fois au secondaire régulier, ces anciens de Jonathan, si on les compare à ceux qui viennent des autres écoles, n'éprouvent pas plus de difficulté d'adaptation que les autres, c'est plutôt le contraire !*

*A. Au sujet en particulier de l'approche intégrale, à partir de mon expérience de recherche sur les écoles en Inde, j'ai vérifié combien il est difficile de faire comprendre la vision qui la porte. Non seulement auprès des parents, mais aussi auprès des enseignants qui n'y sont pas préparés. Est-ce que, dans les écoles alternatives, vous rencontrez ce même type de problématique ? Comment sont formés les enseignants ?*
*C. Comme tous les autres enseignants, par l'université. Il n'y a pas une formation spécifique pour les écoles alternatives, il en va de même pour le recrutement parce que les enseignants viennent du public.*
*A. Quand on étudie pourquoi la Finlande est en tête des enquêtes de* PISA[1], *on découvre qu'un des éléments est la préparation et un autre, le bon salaire des enseignants. Devenir professeur en Finlande n'est pas évident, la sélection est dure et les enseignants doivent apprendre à travailler en équipe.*
*C. Je dois dire, pour avoir visité beaucoup d'écoles, que l'école Jonathan a eu en général de la chance au niveau de la sélection des enseignants, parce que ceux qui viennent ici, s'ils restent, c'est qu'ils acceptent de s'investir plus que dans une école "normale". Cela demande une plus grande implication de travailler avec les parents, il faut aimer ce type de défi.*

La description d'une journée type à l'école Jonathan nous aidera à mieux comprendre en quoi ce "défi" consiste.

*Une journée à Jonathan*

L'école primaire Jonathan accueille aujourd'hui une centaine d'enfants de 5 à 11 ans. Chaque matin, les enfants rejoignent leur groupe-classe, à l'intérieur duquel des élèves d'âges différents se côtoient et travaillent ensemble, sans aucune division artificielle. En fait, il n'y a pas de classes établies comme dans les écoles traditionnelles, mais des groupes mixtes (d'âges, de sexes, de niveaux de connaissances). La mixité est un critère pédagogique qui favorise la création d'un milieu scolaire le plus naturel possible. Ce dispositif existe

1 Le Programme international pour le suivi des acquis des élèves est un ensemble d'études menées par l'OCDE.

dans le modèle pédagogique de Jonathan depuis sa création et permet, entre autres, d'approfondir les aspects suivants :

- Les interactions entre les enfants, petits et grands ;
- Les contenus d'apprentissage ;
- Les niveaux d'échanges et de discussion ;
- L'entraide et la coopération ;
- Le respect des différences d'aptitudes, de modes et de rythmes d'apprentissage ;
- L'implication de tous et de chacun : chaque enfant devient, quel que soit son âge, une ressource pour les autres ;
- La capacité de s'adapter aux changements ;
- La formation du jugement ;
- La coévaluation ;
- La responsabilisation individuelle et collective.

Ainsi, des concepts parfois abstraits comme l'entraide et la coopération se concrétisent par des séances très pratiques de formation par les pairs, un outil des plus efficaces pour apprendre "naturellement" et sans effort. Lorsque, comme j'ai pu l'observer, une "ancienne" d'une dizaine d'années peut expliquer sans perdre patience le mécanisme d'une opération d'arithmétique à un "nouveau" de 6 ans, l'apprentissage se fait dans les deux sens. Celui qui transmet apprend autant que celui qui reçoit, sans aucun rapport de pouvoir. L'écoute et le partage font aussi partie des valeurs de cette école  l'écoute de l'autre, des autres, de son propre rythme, de sa singularité et de sa spécificité, dans sa différence et dans sa ressemblance.

Une fois le groupe rejoint, les enfants se réunissent en cercle avec l'éducatrice (c'est ainsi qu'on appelle les maîtresses) pour organiser la journée : des informations sur les activités sont partagées ; les inscriptions aux différents ateliers offerts par les enfants, les parents et les éducatrices se font en fonction des points forts et des sujets d'intérêt de chacun. Les enfants ont le temps de se faire connaître pour ce qu'ils sont, ce qu'ils vivent, ce qu'ils désirent et expérimentent : des recettes de cuisine de différents pays au cours de percussion sur djembé, un univers de connaissances, provenant du vécu des uns et des autres, est partagé dans les ateliers, lieux d'apprentissage privilégiés. Lors de ma venue, par exemple, deux mamans sont passées dans la classe pour proposer un atelier découverte de la photo, en demandant les inscriptions des enfants, libres d'y aller ou non. Ce libre choix contribue au souci d'autonomie qui caractérise la pédagogie de l'école, une autonomie qui "vient de la capacité de chacun à s'évaluer ou à recevoir l'évaluation d'un tiers, et à utiliser ce feedback pour évoluer". Il s'agit par là d'une évaluation "apprenante" et non pénalisante, contrairement à celle qui est traditionnellement pratiquée dans nos écoles.

Parfois, le groupe partage des moments importants dans la vie de ses membres, des soucis avec les copains ou simplement des récits de leur vie en famille. Les conversations se font sur un mode doux, on n'a pas besoin de hurler, on apprend très naturellement que le silence est une règle d'or. Les enfants apprennent à s'exprimer, à formuler et à recevoir une critique, et à résoudre d'éventuels conflits. Un moment de consultation s'ensuit, d'une quinzaine de minutes, durant lequel les enfants circulent librement dans l'école. Ils peuvent rencontrer leurs camarades d'un autre groupe et décider des activités communes dans la demi-journée en cours y compris le jeu. La matinée se termine par une autre réunion, pendant laquelle les productions des enfants sont présentées. Après le dîner (comme on appelle le déjeuner au Québec), un processus semblable se met en place : les enfants discutent, circulent, travaillent ensemble ou seuls. Selon les activités qu'ils choisissent, ils peuvent se réunir dans différents locaux de l'école et même, s'il ne fait pas trop froid, aller à l'extérieur.

Au cours de ma journée à l'école Jonathan, j'ai vu des enfants libres… libres de travailler à leur rythme, assis par petits groupes, libres de se lever quand ils veulent, d'aller parler avec les copains, libres de questionner l'enseignant ou de se concentrer sur l'activité qu'ils avaient choisie auparavant. Ici, comme dans le Libre Progrès, c'est le choix des élèves qui s'impose et pas celui des professeurs, encore moins celui de leurs parents. De ce fait, les sujets et les thématiques qu'ils décident de développer au début et en cours de l'année deviennent leurs projets personnels (ou collectifs) et, surtout, des défis réels qui contribuent à enrichir leur expérience de vie. Cela rappelle la notion d'*autorisation* abordée au chapitre 2 : les enfants sont "auteurs" de leur propre chemin de connaissance, et non de simples exécutants.

C'est peut-être en cela qui consiste le "défi" dont nous parlait Charles Caouette. Un défi qui est double, pour l'enfant et pour l'enseignant. Libéré d'un programme préparé à l'avance et soutenu au besoin par l'éducatrice, l'enfant établit son propre horaire en tenant compte des possibilités et des contraintes de son milieu. Pour un petit de 5 ou 6 ans, par exemple, apprendre à organiser de façon autonome sa journée, seul et en interaction avec d'autres enfants, constitue un vrai travail vers l'autonomie. Pour son éducatrice, il s'agit de lui faire confiance, de se positionner plus comme un "guide" que comme celle qui détient la connaissance. C'est une attitude que les enseignants-éducateurs acquièrent avec des années d'expérience, mais que cette école exige dès le début pour le bon déroulement de sa pédagogie. C'est en effet une tâche très différente de celle des enseignants d'une école "régulière". Par exemple, on travaille à Jonathan les mercredis après-midi, on se réunit souvent pour l'organisation pédagogique et l'évaluation des objectifs de l'école, pour préparer le matériel ou mettre en place des projets communs. Il y a dans cette école sans doute plus d'engagement, plus d'investissement, mais aussi plus de créativité et de liberté pour celui qui enseigne.

### *L'évaluation à 360 degrés*

Une petite parenthèse est nécessaire ici sur la question fatidique pour toutes les pédagogies, alternatives ou non : celle de l'évaluation. Car, que l'on soit enseignant, parent ou élève, l'évaluation reste un sujet délicat. Comment rendre compte, par exemple, des progrès et des acquis des élèves sans intervenir lourdement sur l'estime qu'ils ont d'eux-mêmes ? La pression est telle qu'il arrive de temps en temps que même des écoles "différentes" soient rattrapées par le système en vigueur dans les écoles traditionnelles, la notation sur vingt, les bulletins et la toute dernière invention : les fiches. Pourtant, l'abolition des notes a été un cheval de bataille de l'Éducation nouvelle et, même si on explique qu'"on ne note pas l'élève, mais le travail qu'il produit", comme une enseignante s'efforçait de me le dire, recevoir un zéro sur vingt est toujours un choc. En tant que parent, j'ai encore le souvenir de mon fils de 10 ans, à l'époque en première année de collège dans une "école nouvelle". Assis dans son lit, il était en larmes et incapable de s'endormir : "Avant [au primaire], j'étais heureux de vivre, aller à l'école était une fête tous les jours. Maintenant je ne comprends plus, c'est une angoisse... Est-ce que je suis devenu un zéro, maman ?" Pour le calmer, la seule chose qui m'était venue à l'esprit était de lui dire que l'école n'était pas obligatoire en France et qu'il aurait pu, s'il le désirait, étudier à la maison. Il n'a pas fait ce choix (car il aurait dû renoncer à voir ses copains), mais savoir qu'il lui restait cette liberté ultime lui avait donné une certaine assurance. Comme mes autres enfants, mon fils a été écouté, accueilli et jamais, lorsqu'il ramenait une mauvaise note à la maison, nous ne nous sommes permis de le juger ou de le pénaliser. C'est la note, à elle seule, qui suffit à dévaloriser la personne. La seule chose que nous demandions était : "Que s'est-il passé pour toi ?", question qui le rassurait sur le fait d'être entendu. Mon inconfort de parent a été résolu le jour où, le bac en poche, il est sorti de cette école "nouvelle" qui avait peur de son nom. Mais, en tant que chercheuse, je demande : Pourquoi ce massacre ? Pourtant, tous les travaux menés depuis plus de cinquante ans partout dans le monde sur ce sujet (la docimologie) ont démontré l'inefficacité du système de notation traditionnel[1]. Il semblerait donc qu'à l'école, il y ait encore une grande confusion entre *évaluation* et *note*, une équivoque permanente entre la signification de la valeur et celle du contrôle, révélatrice du lien de pouvoir qui relie l'évaluateur (l'enseignant) et l'évalué (l'élève).

1. Le rapport de l'Inspection générale de l'Éducation nationale (IGEN) *Les Acquis des élèves, pierre de touche de la valeur de l'école ?*, de juillet 2005, rappelait que les systèmes de notation ne permettent jamais de savoir ce que les élèves ont acquis. Document en ligne : ftp://trf.education.gouv.fr/pub/edutel/syst/igen/acquis_des_eleves. pdf.

À l'école Jonathan, le processus d'évaluation poursuit l'objectif de rendre l'enfant autonome et responsable de ses choix, capable de prendre des initiatives, de faire preuve de créativité, de prendre des risques et, finalement, d'apprendre par soi-même le vrai but de cette pédagogie. Il n'y a pas de notes ni de bulletins, comme à l'école "régulière". C'est une évaluation qui ne peut donc pas être directive, autoritaire, subie, du haut vers le bas, mais qui est participative et dynamique, circulaire et circulant dans les deux sens, car dans cette école on part du principe que l'autonomie "vient de la capacité de chacun de s'évaluer ou de recevoir l'évaluation d'un tiers et de l'utiliser pour évoluer". De cette façon, "l'enfant est amené à se donner des objectifs reliés à ses projets, à ses ateliers ou à ses aptitudes à développer. Il les évalue périodiquement[1]." En pratique, ce système comporte différentes composantes :

- L'évaluation par les pairs : à la fin de chaque atelier (offert par un enfant, avec l'enfant animateur, les enfants participants et l'éducatrice), il y a un temps d'évaluation pendant lequel on discute des points forts et de ce qu'il y a à améliorer pour l'animateur comme pour les participants. C'est ce qu'on appelle une "évaluation par les pairs", pendant laquelle "l'enfant émet ses commentaires, souligne les points forts et ceux à améliorer, et ce, autant pour lui-même que pour l'animateur et les participants[2]" ;
- Les rencontres individuelles (enfant-éducatrice) ;
- Les rencontres enfant-parents-éducatrice : deux ou trois fois par an, pendant une demi-heure, l'enfant, les parents et l'éducatrice évaluent ensemble des questions portant sur la vie de l'enfant, telles que son adaptation à l'école, sa façon de s'organiser et de gérer sa vie scolaire, le développement de son autonomie, de sa démarche de socialisation, des différents types d'apprentissage qu'il réalise et ce, en continuité entre la maison et l'école et vice-versa ;
- L'évaluation écrite : parallèlement à ces rencontres, une évaluation individuelle (à l'aide d'un bulletin) est rédigée quatre fois par an, par l'enfant, les parents et l'éducatrice.

1. http://www.ecolejonathan.info.
2. *Ibid.*

Dans cette école un peu particulière, comme pour tous les exemples traités ici, il y a des difficultés. Tout n'est pas rose et, comme me le disait un enseignant de Jonathan, il faut savoir se faire une opinion tout en se dégageant de "la beauté et du caractère presque parfait du modèle éducatif" que l'école affiche. Les critiques qu'on lui porte sont les mêmes que l'on adresse à toutes les écoles alternatives du monde : trop de liberté, pas assez d'enseignement scolaire, très peu de structure... ce qui rejoint les propos d'une autre enseignante québécoise qui, tout en appréciant son idéal fondateur, a fait le choix de sortir de ce système : "En pratique, je ne trouve pas que c'est vraiment servir l'enfant. On oublie que les notions scolaires sont cruciales, surtout les bases de mathématiques ou de grammaire que l'on enseigne de la première à la troisième année... C'est horrible, le retard que les enfants ont par rapport à l'école régulière ! J'ai plusieurs collègues qui affirment « récupérer » assez souvent des élèves de l'alternatif qui réintègrent le système régulier." Du point de vue des parents, les plaintes portent plutôt sur l'investissement qui leur est demandé dans ce genre d'école : trop de temps de bénévolat, trop de réunions, trop de présence à l'école. Car il n'est pas donné à tout le monde d'aider en classe aux différents projets, à la mise en place des ateliers qu'il faut animer et, pour résumer, à la construction active du projet de communauté éducative sur lequel l'école, et tout le mouvement de l'éducation alternative, travaillent depuis sa fondation.

Cela rejoint le sentiment d'"angoisse des parents", la peur commune à tous les parents des écoles différentes qui s'interrogent sur la performance de leurs enfants dans cette société, dans un milieu alternatif pour lequel le mot "performance" ne signifie rien. Si, d'une part, cette angoisse est compréhensible (nous espérons tous que nos enfants se réalisent au mieux), d'autre part, cette question nous renvoie à la réflexion sur le "bon élève" ou le "bon être humain", développée au début de ce livre. Le choix ne doit pas s'opérer entre la réussite à tout prix et une fausse idée de "vie facile" que les écoles alternatives véhiculent, car il est beaucoup plus radical. Il implique que tous les acteurs de la communauté éducative se positionnent entre le modèle de l'*Homo œconomicus*, le gagnant-perdant de ce système en crise, et celui de l'homme relié, l'*Homo felix*, pour lequel nous militons. Pour répondre à l'angoisse des parents, l'école Jonathan met en place des solutions pratiques : les moments de parole, les réunions, les rencontres doivent servir à se coéduquer et accompagner les parents dans un tel processus qui s'avère complexe. À titre d'exemple, voici un petit texte très parlant rédigé par l'équipe de l'école, un document qui a le mérite de condenser les doutes et les réponses apportées à ces doutes. Le publier va sans doute aider les parents qui hésitent encore à inscrire leurs enfants non pas à Jonathan (car la liste d'attente est longue !), mais dans une des écoles alternatives régies par les mêmes principes :

- *L'école Jonathan :*
  - N'est pas une école libre où l'enfant est laissé à lui-même et où il fait comme il veut quand il le veut ;
  - N'est pas une école où l'enfant évolue sans cadre pédagogique, sans structure et sans règles ;
  - N'est pas une école où l'enfant fonctionne sans horaire précis, sans contraintes reliées au fonctionnement du groupe ;
  - N'est pas une école qui met l'accent sur des méthodes pédagogiques particulières ou sur un curriculum (par exemple la musique, les sciences ou l'art dramatique) ;
  - N'est pas une école de douance ni une école spécialisée pour enfants vivant des difficultés scolaires.

- *L'école Jonathan :*
  - Est une école de petite taille fréquentée par une centaine d'enfants répartis en cinq classes ;
  - Est une école multi-âges où les classes sont composées d'enfants de 5 à 11 ans ;
  - Est une école où les journées se déroulent sous forme d'activités, de projets et d'ateliers offerts par les enfants, les parents et les éducatrices ;

- Est une école où les enfants choisissent leurs projets et s'inscrivent aux ateliers selon leurs champs d'intérêt et leurs besoins ;
- Est une école où les parents et les éducatrices participent activement à l'organisation pédagogique et à la gestion administrative selon un modèle de gestion communautaire[1].

Au Québec ou ailleurs, cette question est cruciale. Être parent dans un tel cadre signifie, pour reprendre le terme qu'utilise le professeur Caouette dans l'entretien ci-dessous, être un "convertisseur", quelqu'un qui participe activement à la métamorphose en cours avec courage et détermination. Pour lui, même au sein de l'Éducation nationale, il y a une place pour l'innovation pédagogique. Il suffit, comme il le dit, d'"y croire fort" et de ne pas se laisser décourager.

*Antonella. S'il y avait un conseil à donner aux parents et aux enseignants qui veulent se lancer dans l'expérience même en dehors du Québec, quel serait-il ?*
*Charles. D'abord, selon moi, être alternatif veut dire demeurer dans l'institution, surtout si elle est publique, et y changer les choses. Être alternatif, c'est pour moi être une contre-structure à l'intérieur de la structure : on ne travaille pas à l'extérieur de la structure ou contre la structure, mais on travaille à la modifier, et cela en faisant exister une nouvelle approche pédagogique au sein de l'institution. Ainsi, pour faire approuver un projet alternatif, la première stratégie consiste à exploiter les contradictions internes du système. En fait, il est très rare, à ma connaissance, qu'un projet alternatif ne puisse pas s'appuyer sur le discours officiel de l'institution. Par exemple, à partir de ce qu'ont déjà dit les collèges et les universités sur la qualité de l'éducation, sur la recherche de l'excellence, sur l'amélioration de la pédagogie, et surtout sur l'éducation permanente et la société éducative, ou sur la promotion collective, je crois que n'importe quel projet de pédagogie alternative peut se justifier. Il suffit d'y croire personnellement plus fort que ceux-là mêmes qui ont tenu le discours, sans être toutefois naïf.*

1. *Ibid.*

*Être un agent de changement, c'est, avant même d'être un "convertisseur", être quelqu'un qui fait exister concrètement les changements auxquels il croit et qui trouve important de les partager. À ce sujet, l'autogestion et la convivialité, par exemple, me paraissent les caractéristiques essentielles d'une nouvelle société déjà en gestation et dont nous devons favoriser l'émergence. Dans cette société, la production et la consommation aliénantes, de même que la compétition effrénée et destructrice, auront fait place au partage, à la coopération, à la tendresse, au respect de l'environnement, à l'expression de soi et de ses ressources propres, au respect de la vie. Il me semble que tout ceci va dans le sens de ce que tu appelles* "éduquer à la joie".

*École primaire alternative Jonathan*
*705, boulevard Décarie*
*Saint-Laurent (Québec) H4L 3L3*
*http://www.ecolejonathan.info*

### La Brockwood Park School en Angleterre

À la Brockwood Park School, plongée dans la verdure de la campagne anglaise, en pleine nature, dans un environnement protégé, on respire une atmosphère de bonheur qui vous envahit dès qu'on dépasse le seuil du portail. Pourtant, apparemment les élèves sont comme tous les autres, assis devant leurs livres, en train de faire des exercices ou de participer à la classe, avec des rythmes bien calés entre étude, loisirs et repos. Je dis bien "apparemment" car il y a quelque chose de spécial dans cette école qui existe et "résiste" depuis plus de quarante ans. D'abord, un peu d'histoire : la Brockwood Park School a été fondée[1] par le philosophe et éducateur indien Jiddu Krishnamurti en 1969 ; c'est une école internationale mixte de niveaux primaire (la Petite École d'Inwood) et secondaire. Le lycée fonctionne en internat et accueille en moyenne une

1. Voir la liste des écoles affiliées sur le site http://www.krishnamurti-france.org.

soixantaine d'élèves âgés de 14 à 19 ans, qui viennent de différentes parties du monde (plus de vingt nationalités sont représentées). Une vingtaine d'enseignants titulaires, aidées par des *mature students* (littéralement, des "étudiant mûrs"), se chargent des cours au lycée. Le programme *"Mature Students"* permet à des jeunes d'entre 20 et 25 ans de faire, pendant six ou neuf mois, l'expérience de l'internat de Brockwood, période pendant laquelle ils peuvent aider les professeurs dans des activités diverses, en échange d'une formation gratuite ainsi que d'un logement et de la nourriture. Il n'est pas rare de retrouver, parmi ces jeunes adultes, d'anciens élèves qui reviennent non seulement dans le désir de retrouver l'ambiance heureuse de leur adolescence, mais aussi par besoin de se reconnecter à un modèle "vivant", à une alternative concrète au mode de vie "normal".

*Une journée à Brockwood*

L'atmosphère qui règne ici ressemble plus à celle d'une grande communauté qui vit en harmonie qu'à celle qu'on attendrait d'un internat. Les conditions de vie de cette famille hors norme sont en effet assez exceptionnelles : les classes, si on peut les appeler ainsi car les groupes changent selon les disciplines, n'ont jamais plus de huit élèves, les jeunes sont suivis de près par leurs professeurs et à chaque élève est assigné un professeur tuteur (qui est responsable de quatre ou cinq jeunes). Enseignants et élèves vivent sous le même grand toit du bâtiment principal et dans les logements voisins, dans le campus. Les chambres des filles, de un à quatre lits, sont regroupées dans le bâtiment le plus ancien ; celles des garçons, individuelles, sont dans une petite construction annexe derrière. Lors de ma venue, en septembre 2011 et mars 2012, un autre bâtiment était en construction, pour abriter plus confortablement les jeunes filles, qui étaient un peu à l'étroit dans les locaux actuels. Adolescents et jeunes adultes, corps enseignant et employés de bureau ou de cuisine, tout le monde partage la même vie : ils prennent les repas ensemble, font du sport, de la danse ou de la musique et participent le plus possible à toutes les autres activités de l'école. Un grand soin est apporté à la nourriture, qui est végétarienne, et la majorité des ingrédients est d'origine biologique, un bon nombre d'entre eux provenant du jardin potager de l'école, que les élèves apprennent à cultiver eux-mêmes.

La journée à Brockwood démarre à 7 h 45 par le *morning meeting*, le rendez-vous matinal dans la grande salle circulaire au rez-de-chaussée de cette belle demeure victorienne. Il faut arriver tôt pour rencontrer élèves et professeurs qui, les chaussures déposées à l'entrée, glissent en silence sur la moquette claire de la pièce et s'assoient en cercle sans faire un bruit. Ici on ne parle pas, on se salue avec les yeux, et chacun emploiera ces dix minutes de pause comme bon lui semble concentration silencieuse, prière ou méditation avant de se précipiter dans le ferment des activités scolaires. Ce moment matinal, qui se situe entre le réveil et le petit-déjeuner, n'est pas imposé mais seulement suggéré. Et il n'est pas rare d'entendre des élèves qui au début refusaient d'y participer, inviter les nouveaux à en faire l'expérience car, disent-ils, "la journée qui débute avec ces dix minutes de paix a une qualité assez différente de celle qui commence en se précipitant hors du lit. On est plus calmes, plus concentrés, plus ouverts aux autres." Du coup, le *morning meeting* devient très populaire chez ceux qui désirent tester une autre approche du quotidien. Après le silence, le petit-déjeuner collectif réunit toute l'école dans une grande pièce aux baies vitrées, qui donne sur le parc aux arbres centenaires. Une demi-heure plus tard, les étudiants se mobilisent pour la "rota", le temps qu'ils doivent consacrer une fois par semaine à débarrasser et nettoyer les tables à tour de rôle (selon une "rotation") pour aider le service. Finalement, à 9 h 15 les cours commencent : divisés en petits groupes, les élèves se réunissent avec leurs enseignants dans des pièces claires et confortables.

Le visiteur qui s'attend à des classes meublées du traditionnel tableau noir et des bancs sera déçu, car à Brockwood les cours ont lieu dans les pièces calmes de la bibliothèque, entourés de livres, ou sous un arbre en pleine nature, si le temps le permet. Le temps d'étude dure jusqu'à 13 heures et les disciplines qui demandent un plus grand effort mental sont concentrées dans la matinée. Pour le déjeuner, toute l'école, à nouveau réunie, se retrouve dans la grande salle à manger, qui sert aussi de salon et de lieu de détente. Il n'est pas rare, le déjeuner terminé, d'entendre des jeunes jouer quelques notes au piano à queue, dans un angle de la pièce, ou à l'une des nombreuses guitares posées sur les fauteuils. Il se peut qu'ils préparent un des spectacles organisés par l'école deux fois par an, auxquels les parents sont conviés. À 14 h 30, les cours recommencent pour durer parfois jusqu'à 18 heures, interrompus à 16 h 30 par le *tea time*, une tradition anglaise que cette école très internationale a voulu préserver. Il n'est pas rare de voir arriver des jeunes, livres sous le bras, discutant encore avec leurs professeurs d'une question abordée au cours précédent. Il n'y a pas ici de "rupture" entre la vraie vie et l'école, pas cette segmentation entre les disciplines et les rythmes d'étude que l'on retrouve dans les pédagogies traditionnelles. Les cours réservés à cette dernière tranche de la journée sont plus légers et peuvent concerner des activités manuelles ou créatives, tels la photographie, les arts plastiques ou l'atelier du bois. Le dîner est prêt à 19 heures ; élèves et professeurs se retrouvent pour un dernier repas ensemble, suivi d'un temps de détente (pendant lequel les élèves peuvent recevoir des coups de fil de leur famille, par exemple), avant d'aller se coucher à 22 heures, plongés dans le silence de la campagne.

*Krishnamurti*

La pédagogie pratiquée à Brockwood s'inspire de la pensée de Krishnamurti. Jiddu Krishnamurti était un éducateur au sens le plus large du terme, car il amenait ses interlocuteurs (il refusait de les considérer comme des "disciples", de même qu'il refusait le titre de "gourou") à entreprendre un parcours de connaissance de soi, éducatif par le questionnement profond qu'il engendrait. C'était ce qu'il appelait "l'art de voir", totalement libre des dogmes de la religion ou de n'importe quelle autre doctrine politique ou philosophique. C'est donc sur la base de cet esprit presque socratique que les élèves de Brockwood sont encouragés aujourd'hui à questionner les différents aspects de leur vie, en discutant de notions telles que l'attention, la colère, la peur ou les relations humaines, pendant qu'ils étudient aussi les matières scolaires classiques. Ces matières sont librement choisies par les élèves qui, par exemple, peuvent décider de se diriger vers un cursus classique (en préparant les examens d'entrée aux universités selon le système anglo-saxon) ou de développer, avec l'aide de leurs professeurs, leurs propres "projets de vie" (en se fiant à ce qui les intéresse plus particulièrement). Il existe plusieurs points de contact entre cette approche pédagogique et le Libre Progrès décrit plus haut. Pour les deux, en fait, il s'agit de former des êtres "entiers", ayant développé dans cette école un esprit rationnel mais aussi créatif la seule condition qui pourra les faire devenir des êtres humains "libres de toute action égocentrique", comme l'affirmait Krishnamurti. "Pour mener à bien cette tâche, explique Gisèle Balleys, ex-enseignante et administratrice à Brockwood, il est nécessaire, d'une part, de parfaire les outils nécessaires à l'apprentissage des matières qui décrivent le monde extérieur, comme les mathématiques, la physique, la biologie et l'histoire. Cela demande une bonne mémorisation, un esprit logique, une pensée précise, une compréhension des causes et des effets, etc. Il est nécessaire aussi, d'autre part, de faire intervenir le silence, la présence, la vigilance, le questionnement des valeurs établies, l'observation et l'émergence d'une sorte de virginité et d'authenticité pour permettre la compréhension du monde intérieur et de nos conditionnements[1]." Il est peut-être superflu d'ajouter que, dans un tel esprit, l'évaluation ne se base pas sur le système traditionnel des notes, mais sur la communication directe entre élèves et enseignants, ainsi que sur des rapports semestriels envoyés aux parents. Ces rapports ne ressemblent en rien aux secs bulletins scolaires de l'Éducation nationale : ils sont rédigés dans un style informel par tous les professeurs, y compris les deux directeurs, et l'on est étonné par la profondeur du regard que l'adulte pose sur l'élève. C'est un regard de bienveillance et de respect, traduit par des propos qui révèlent la connaissance de la matière humaine (l'élève et sa psychologie) et technique (l'évaluation des acquis scolaires). Ceci est sûrement l'effet d'une cohabitation heureuse entre l'équipe enseignante et les élèves,

1. Article paru dans le numéro 38 (juin-juillet-août-septembre 2002) de la revue *Infos yoga*.

mais c'est aussi le résultat d'un travail, au fil des années d'existence de l'école, sur la posture maître-élève.

*Devenir un "maître d'éveillance"*

Dans cette relation, la "reconnaissance" entre les deux parties vaut plus que la connaissance. C'est une dynamique qui circule dans les deux sens, construite avec patience depuis le premier jour d'école, et qui privilégie les rapports directs. Les cours à Brockwood commencent seulement quinze jours après le début officiel de l'année scolaire en internat, un temps pendant lequel les élèves choisissent les activités et les sujets qui les intéressent, pour construire leur plan d'études de l'année. C'est à ce moment que les enseignants se donnent le temps de rencontrer l'ensemble des élèves de façon informelle, de les observer sans juger, en favorisant en eux l'éclosion de l'intérêt, la prédisposition pour l'une ou l'autre matière d'étude. C'est ce que les psychologues appellent une attitude "transpersonnelle", dans laquelle "on laisse venir" l'autre, dans un acte maïeutique. Ce moment est précieux, car il construit la relation maître-élève à travers une sorte de "résonance" nécessaire pour que s'établisse de la confiance entre les deux. Les professeurs retrouvent de ce fait leur rôle d'*éveilleurs*, tel le "maître d'éveillance", comme le définit René Barbier[1], ce qui demande que l'enseignant soit en quelque sorte éveillé à lui-même. On rejoint ici la définition du rôle du maître dans l'éducation intégrale et en particulier dans le Libre Progrès, pour lequel il est un guide, un exemple. Dans cette éducation, l'aspect cognitif arrive en dernier parmi toutes les choses que l'enseignant doit transmettre, car "avant tout il doit démontrer qu'il est un être à la recherche de la vérité, un être qui ne se cache pas", comme l'affirment les enseignants de Last School. C'est une question d'attitude et non de savoir, une posture qui exige au préalable un acte d'humilité de la part de l'enseignant, car par cet acte il lui est demandé d'apprendre, et

1. L'expression a été utilisée par René Barbier dans ses cours sur Krishnamurti à l'université Paris-VIII, en 1996.

de faire apprendre en même temps. Comme le dit Jeanne Mallet, "être éducateur, c'est finalement montrer le chemin par ce que l'on fait, ce que l'on est[1]".

Le chemin pour atteindre cet état est long. Il demande beaucoup de motivation, doublée d'un sens de l'engagement qui relève plus de la mission que du métier. Inutile d'ajouter que tous ne sont pas faits pour cette voie, malgré les beaux principes... La vie n'est par conséquent pas facile pour un jeune enseignant qui veut débuter sa carrière à Brockwood : "On vit du matin au soir en permanence avec les élèves, on côtoie ses collègues sans interruption et notre temps personnel est réduit à rien, me disait une jeune professeur. Je n'ai plus un moment pour moi seule. J'en ai parlé aux enseignants qui sont ici depuis longtemps, mais il me semble qu'eux ont trouvé leur équilibre, leur famille est ici, leur vie est réglée par les rythmes de l'école et ils aiment ça... Moi, je ne suis pas prête. Je suis encore jeune et j'ai besoin de voir le monde !" C'est pourquoi elle a décidé de ne rester qu'une seule année, au grand regret des élèves et de ses jeunes collègues qui l'appréciaient beaucoup. Cela fait partie des critiques que l'on pourrait adresser à cette école, et finalement à cette vision de l'éducation qui demande que l'on plonge "corps et âme" dans ce rôle de "maître d'éveillance", en s'oubliant presque soi-même. En entendant les difficultés qu'exprimait cette enseignante, une question surgit spontanément : d'autres solutions ont-elles été envisagées ? Est-il possible de trouver un compromis ? Quand on la pose à ses collègues plus âgés, on se rend compte, dans leurs réponses, que le problème est bien réel, autant pour ceux qui vivent à Brockwood depuis vingt ans que pour les nouvelles recrues. Par contre, on peut imaginer que pour les "anciens" de Brockwood, la rencontre avec le fondateur Krishnamurti a été déterminante, au même titre que la rencontre avec la Mère pour les pionniers d'Auroville. Dans ces deux cas, être en contact avec la force et l'enthousiasme de ces fondateurs visionnaires a influencé le choix que ces enseignants ont fait de transformer leur mission en projet de vie. On devine aussi que passer d'une époque où l'école fonctionnait sous

1. Jeanne Mallet, *Éthique et éducation*, Oméga formation, 2003.

l'égide du "maître" (qui s'y rendait cependant très sporadiquement) à l'époque actuelle, avec ses contraintes, n'a pas été simple. Cela est vrai pour plusieurs aspects, y compris la gouvernance interne et l'administration.

Chacune des écoles "alternatives" adopte des mécanismes de gouvernance qui lui sont propres, plus ou moins éprouvés, efficaces, reproductibles. Certaines, comme Brockwood, bien que la façon de diriger l'établissement y soit plutôt traditionnelle, avec un système de codirection assez souple et des mécanismes de prise de décision classiques (la décision revient à la direction après une consultation collective), s'interrogent aujourd'hui sur de nouvelles formules (ceci est discuté, par exemple, aux réunions des parents d'élèves). Pour d'autres, comme les écoles démocratiques (mentionnées plus haut), la mise en place de nouvelles formules de gouvernance sociocratiques, non pyramidales, participatives est une condition *sine qua non* pour qu'il existe dans l'école une cohérence entre tous les aspects du projet éducatif.

Enfin, avant de terminer cette section, je dois apporter une précision sur le cas de Brockwood : c'est une école privilégiée, pour des enfants privilégiés. Le fonctionnement de cette école totalement privée repose sur des frais d'études, nécessaires pour assurer la gestion d'un internat qui ne reçoit aucune aide publique[1]. Je suis consciente de la réaction que cela peut provoquer chez certains lecteurs, mais je suis pourtant sûre que cette expérience vaut la peine d'être connue, car elle pourrait être définie comme une "bonne pratique" applicable aussi, à quelques détails près, dans le secteur public.

*Léa*

J'ai rencontré les élèves et les enseignants de Brockwood à plusieurs occasions. Le témoignage le plus intéressant que j'ai pu recueillir est sans doute celui de Léa[2] qui, après y avoir passé quatre ans, est revenue vivre en France récemment. J'ai pu assister ainsi à la transformation d'une adolescente presque stéréotypée (attirée par "tout ce qui brille", la mode, le fast-food, le portable

1. Un système de bourses d'étude a été mis en place pour soutenir les élèves qui en font la demande.
2. Le prénom a été changé.

branché vingt-quatre heures sur vingt-quatre, etc.) en une jeune adulte responsable et profondément attentive aux autres et au monde qui l'entoure.

*Antonella.* *Qu'est-ce qu'on pourrait dire pour décrire cette école à des personnes qui pourraient être bloquées par le fait qu'à Brockwood il n'y a pas d'obligation de diplômes ni d'examens ? Quelle est ton expérience ?*

*Léa.* *D'abord il faut dire que ma mère m'a toujours fait confiance, même quand j'étais à l'école ici en France, et que je ne voulais pas passer les examens, je ne voulais pas passer le bac. À l'école j'étais tout le temps dans la peur, je perdais tous mes moyens et je n'arrivais pas à grandir comme je le voulais. C'est vraiment grâce à ma mère qui m'a toujours soutenue, elle ne me mettait jamais la pression, elle m'a laissée faire ce que je devais faire...*

*A.* *Tu savais déjà que tu ne voulais pas aller à l'université ?*

*L.* *Non, je n'étais pas sûre, mais je savais que je voulais être plus créative. D'ailleurs, ce ne serait pas du tout un problème pour moi d'aller à l'université aujourd'hui, mais ce n'est pas ce que je veux faire. Il y en a beaucoup à Brockwood qui veulent être plus créatifs, c'est parce que ça leur a manqué à l'école avant. Du coup, leurs parents s'inquiètent, mais les élèves trouvent leur place. Eux, ils ne s'inquiètent pas, ce sont les parents qui s'inquiètent.*

*A.* *Tu veux dire que les parents d'élèves de Brockwood s'inquiètent ?*

*L.* *Oui, parce que c'est tellement rassurant de faire le même parcours que tout le monde, la même université que tout le monde. Je connais des étudiants qui ont choisi de faire de l'art, de la musique, et même si c'est dur de gagner sa vie avec ça, ils sont très heureux. Même si à un moment ils doivent faire un petit job à côté pour gagner leur vie, ce n'est pas du tout un problème, on n'a pas besoin de diplômes pour gagner sa vie. Il y a de plus en plus d'écoles ouvertes. En tout cas, moi ça ne m'intéresse pas de devoir plaire aux autres pour être acceptée. De toute façon, quand on rencontre les gens pour des entretiens, ils sont impressionnés par la qualité de la personne : moi je n'ai pas du tout eu de problèmes pour trouver mon école actuelle.*

*A.* *Ça veut dire que tu as été acceptée avec le cursus scolaire que tu avais ?*

*L. Oui, ils étaient impressionnés par mon expérience de vie. Il s'est passé la même chose dans les entretiens que j'ai eus pour m'inscrire dans d'autres écoles, je n'aurais eu aucun problème pour y entrer[1].*

*A. Tu as toujours su ce que tu voulais faire ou ne pas faire dans ta vie ?*

*L. Je le savais avant, mais Brockwood m'a rassurée dans mon choix, j'ai eu le temps de "sentir".*

*A. Le retour à la vie "normale" a été violent ?*

*L. Ce n'était pas un choc car je me suis préparée. À toutes les vacances, je prenais le temps de voyager et ça m'a beaucoup appris : j'y allais sans argent, sans rien, j'allais voir des personnes de Brockwood et après je trouvais de petits jobs, et ça m'apprenait beaucoup.*

*A. Qu'est-ce qui a changé dans ta vie depuis ?*

*L. C'est de voir ce que je vivais avant surtout, c'est ça qui change.*

*A. Tu étais attirée par d'autres choses...*

*L. Par exemple, quand je regarde mes amis ici, je me vois moi-même avant. J'ai remarqué que, quand je parle avec eux, les conversations sont superficielles. Du coup, au début j'ai eu une réaction de refus, peut-être un peu trop forte. Je ne pouvais plus partager les mêmes choses, j'aurais eu envie d'aller plus en profondeur, mais j'étais obligée de m'arrêter pour les satisfaire. C'était assez frustrant.*

*A. Il y a des parents qui considèrent Brockwood comme un lieu trop marginal. Tu penses que ce sont toujours les parents qui influencent ou que parfois ce sont les jeunes eux-mêmes qui choisissent de ne pas venir ici ?*

*L. Je pense qu'il y a des jeunes qui se sentent bien d'être comme tout le monde, comme "ils devraient être". Pour moi ce serait impossible.*

*A. Pour revenir à la communication difficile avec tes amis d'avant, tu pourrais m'en dire plus ?*

*L. Par exemple quand j'ai décidé de sortir de Facebook, ç'a été un choc ! J'ai reçu des e-mails qui me disaient : "Tu es folle ? Pourquoi tu as fermé ta page ?" Comme*

1. Les diplômes anglais ne sont pas reconnus en France, sauf dans certains établissements.

*si c'était la chose la plus importante dans la vie, sans chercher à comprendre mes raisons. J'avais envie de connaître mes amis un peu plus en profondeur.*

*A. J'ai l'impression qu'à Brockwood, on est dans un endroit spécial, aussi par la présence de la nature si proche.*

*L. Au début ça ne me faisait rien du tout, je n'étais pas du tout sensible à ça. C'est à la fin du deuxième trimestre que j'ai commencé à apprécier et remarquer que cela me faisait du bien. Un matin au réveil, j'ai ouvert les rideaux de ma chambre, et j'ai vu l'arbre, le soleil qui se lève, le paon... c'était juste magnifique ! J'y ai mis du temps, mais maintenant j'ai l'impression d'arriver à capter cette énergie.*

*A. Ce que vous faites dans cette école, c'est d'expérimenter des valeurs différentes de celles de la "vraie vie" : serait-il possible de faire un pont avec la vie à l'extérieur et de transposer ce que vous avez appris non pas en termes de connaissances scolaires, mais en termes de vie ?*

*L. De toute façon, dès qu'on revient ici on crée un nouvel environnement. Parce qu'on a appris à vivre différemment, du coup on n'a plus les mêmes habitudes, on ne voit plus les choses de la même manière, on attire des personnes différents. Aujourd'hui, j'ai gardé mes anciens amis, j'en ai d'autres qui sont complètement différents, et pourtant j'arrive à les regrouper, les faire se rencontrer, et ça marche très bien. Quand je suis arrivée, je me suis demandé : "Mais c'est tout le temps comme ça, aussi bien ? Les gens sont tout le temps si heureux ? Ou alors, dès qu'on va reprendre les cours demain, ça va aller moins bien ?" J'avais du mal à m'y faire en fait, à l'accepter parce que c'est tellement différent...*

*A. Donc on peut vivre comme ça, c'est possible...*

*L. C'est juste que je ne savais pas que je le pouvais... Ça m'a pris deux ou trois ans. Maintenant je n'ai plus peur de dire ce que j'ai étudié ou ce que je n'ai pas fait... J'ai vraiment confiance, je sais que je peux vivre autrement par rapport à ce que je vois ici. Il faut juste avoir confiance, une chose que j'ai apprise à Brockwood.*

Les paroles de Léa suffisent : sa beauté intérieure, son éveil au monde, sa maturité sont la preuve vivante qu'une nouvelle génération d'êtres humains, "libres de toute action égocentrique", comme le préconisait Krishnamurti[1], est en train d'apparaître. "Susciter l'émergence d'un esprit sans conflit intérieur" est une tâche très ambitieuse. Il ne s'agit pourtant pas de former des jeunes à l'écart de la société, mais des êtres responsables et capables, selon la vision éthique de Brockwood, non hiérarchique, non coercitive, non compétitive, comme Léa en témoigne.

*Brockwood Park School*
*Bramdean, Hampshire*
*SO24 OLQ*
*Royaume-Uni*
*http://www.brockwood.org.uk*

**Les écoles publiques expérimentales et l'école libertaire I Saltafossi en Italie**

Outre par les écoles Montessori, l'Italie est internationalement connue dans le domaine de la recherche en pédagogie par les crèches *(nidi)* et les écoles maternelles *(asili)* de la ville de Reggio Emilia, une expérience si importante qu'elle mérite d'être mentionnée ici pour l'influence qu'elle continue d'avoir sur les éducateurs du monde entier. Le premier de ces établissements publics a été créé en 1963 à l'initiative de Loris Malaguzzi, un instituteur engagé dans la reconstruction des écoles de Reggio Emilia, après la Seconde Guerre mondiale. Dans les 43 centres et écoles qui existent aujourd'hui, on met en pratique des principes qui ne sembleront pas nouveaux aux lecteurs de ce livre. Les voici : *l'enfant est protagoniste* (est riche de son potentiel et a la capacité de construire son apprentissage) ; *l'enfant est collaborateur* (il se forme par l'interaction avec ses pairs, les adultes, les choses dans le monde, les symboles) ; *l'enfant est communicateur* (il rend sa pensée visible à travers ses nombreuses

1. Citation tirée du site http://www.krishnamurti-france.org.

"langues" naturelles et se développe grâce à une démarche systématique de représentation symbolique). Et, comme aimait le dire Malaguzzi, chaque enfant a "cent langages" à sa disposition, par lesquels il peut exprimer le meilleur de lui-même, à condition qu'on le laisse libre de les découvrir.

Cette exploration se fait par le jeu, la créativité, le contact direct avec la nature et un environnement propice, où l'école tout entière est imaginée comme un atelier d'expérimentation pour l'enfant, dès le plus jeune âge. Beaucoup d'enseignants se rendent à Reggio Emilia pour apprendre en observant ces écoles, qui sont aujourd'hui de moins en moins "différentes" et isolées sur la scène internationale. Un centre, le Reggio Children[1], les accueille et organise des formations, des rencontres et des recherches pour approfondir l'approche qui est désormais connue comme "l'approche de Reggio Emilia". Ce qu'ils viennent découvrir ici n'est pas seulement l'héritage de l'esprit visionnaire de Malaguzzi, mais aussi un modèle d'administration, celui de la ville de Reggio Emilia, qui demeure assez novateur. En fait, les services de la petite enfance de la municipalité sont gérés par un organisme spécifique (l'*Istituzione*), complètement autonome du point de vue de la programmation didactique, pédagogique, économique et administrative. L'*Istituzione* a comme finalité non seulement de programmer et gérer les activités des crèches et des écoles maternelles de la commune (ce qui en soi n'est pas une nouveauté), mais surtout de protéger la qualité et les valeurs transmises par ces écoles, tout en innovant (ce qui me semble assez inédit dans une institution administrative).

Cependant, les écoles de Reggio ne sont pas les seules écoles publiques qui portent la dénomination d'"expérimentales" en Italie : une autre école existe qui vaut la peine d'être brièvement citée ici, pour le fait qu'elle est publique et qu'elle compte à son actif presque soixante-dix ans d'histoire ! Il s'agit de la Scuola-Città Pestalozzi (l'école-ville Pestalozzi) créée en 1945 pour les enfants défavorisés du quartier populaire de Santa Croce, à Florence, et qui tire son

1. Reggio Children : http://www.reggiochildren.it.

nom des principes citoyens qui régissent la vie de cet établissement primaire et secondaire (collège). L'école s'est principalement développée selon les deux principes de l'éducation libertaire : éduquer les enfants à *l'auto-gouvernance* (selon des méthodes anti-autoritaires) et à *l'auto-affirmation* (selon le principe que la motivation à apprendre naît du quotidien). Depuis le début, les activités manuelles la typographie, le jardinage ou la charpenterie sont valorisées au même titre que les activités intellectuelles la production d'un journal ou la réalisation d'une bibliothèque. Pendant les années de l'après-guerre, la Scuola-Città ressemblait plus à une communauté de vie qu'à une école traditionnelle, comme c'était le cas d'ailleurs pour beaucoup d'autres expériences pédagogiques nées un peu partout au même moment, telles les écoles Freinet en France. Aujourd'hui, après avoir traversé le "parcours du combattant" commun à toute école alternative qui a fait le choix politique de rester dans le système public, la Scuola-Città Pestalozzi est devenue un établissement à statut "expérimental" de niveaux primaire et secondaire.

Cela se traduit, par exemple, par une plus grande liberté dans la planification des programmes scolaires, avec une continuité didactique entre le primaire et le secondaire (les enfants suivent un parcours conçu globalement dès la rentrée en CP jusqu'à la sortie à 14 ans). Les principes de *communauté éducative* (parents, enfants, enseignants), de *laboratoire d'apprentissage* (non seulement des activités manuelles, mais aussi des disciplines traditionnelles et des outils multimédias), de *compétences transversales* (par le décloisonnement disciplinaire), de *recherche-action* et de *pédagogie par projet* s'appuient sur l'héritage historique de gouvernance démocratique de cette école, unique en son genre. Pour terminer, je citerai ici ce que j'appelle des "trésors pédagogiques", repérés en examinant les tableaux de l'emploi du temps des classes : à côté des disciplines scolaires comme l'italien ou les mathématiques, on peut lire "yoga", *"peer tutoring"* (tutorat par les pairs) ou "éducation affective", ce dernier terme désignant le développement des compétences socio-affectives et relationnelles des élèves. Ainsi, les enfants apprennent à communiquer leurs émotions ou à interagir par des méthodes participatives (le cercle, le brainstorming ou les jeux de rôles), empruntées plus au domaine du développement personnel qu'aux outils pédagogiques courants. Dans ce "laboratoire éducatif", comme la Scuola-Città se définit elle-même, on n'a pas peur d'éduquer à et par "l'intelligence du cœur", le grand oublié de notre école.

Les deux expériences que je viens de citer se rattachent au grand héritage de l'Italie dans le domaine de la recherche en pédagogie. Il suffit de penser, on l'a dit, à Maria Montessori et à l'immense influence que son œuvre continue d'exercer dans le monde entier. Il y a aussi des éducateurs italiens que l'on connaît moins et qui ont grandement contribué à l'histoire de la pédagogie internationale, tels Don Lorenzo Milani avec son école de Barbiana, ou Lamberto Borghi et Aldo Capitini qui, avec Danilo Dolci, plus connu, sont à l'origine du mouvement de l'Éducation libertaire en Italie, affilié aujourd'hui à celui de l'Éducation démocratique[1]. L'école I Saltafossi, par exemple, appartient à cette histoire, celle d'une éducation fondée sur les principes de liberté et de démocratie, qui se traduisent par des pratiques inédites à l'école, dont bénéficient de la même façon les élèves, les enseignants et les parents. Elles sont puisées autant dans l'héritage des pédagogies coopérative et institutionnelle de Célestin Freinet et Fernand Oury (conseil coopératif, lieux de parole, etc.) que dans les méthodes plus récentes de la sociocratie ou de la démocratie participative (cercle, forum ouvert, conseil, ateliers).

Mais écoutons ce que les *bambini felici* (enfants heureux)[2] de cette école ont à nous dire de leur vécu, ce qu'ils pensent de ces méthodes "démocratiques" à la fois simples et profondes. Leurs témoignages ont été recueillis par Ilaria Milanesi, une chercheuse en sciences de l'éducation qui, dans le cadre de son mémoire de *laurea*[3], a réalisé plusieurs observations dans l'école primaire de Cadriano, une petite ville de la région de Bologne. Ses questions sont, comme

1. EUDEC : http://www.eudec.org.
2. "I bambini felici de I Saltafossi" ("Les enfants heureux d'I Saltafossi") est le titre d'un chapitre de la thèse d'Ilaria Milanesi.
3. Diplôme universitaire italien.

elle le dit, "libres, ouvertes à cueillir la façon de vivre à l'école, la conscience du parcours et la participation de ces enfants[1]" :

*Ilaria. Vous aimez votre école ? Si oui, qu'est-ce que vous aimez le plus ?*
*G. (7 ans). J'aime beaucoup ! Surtout l'assemblée, le cercle, et aussi aller dehors.*
*I. Y a-t-il des choses que tu n'apprends pas et que tu aimerais apprendre ?*
*G. (7 ans). Oui ! Mais ce que je voudrais faire, je le fais ! J'étais sur le canapé, j'ai remarqué un livre de cuisine, j'ai eu envie de réaliser une recette et je l'ai fait.*
*G. (10 ans). Moi, c'est la guitare. Pour la découvrir, apprendre à jouer et voir comment elle est construite.*
*D. (8 ans). Moi, c'est la danse, une danse comique, qui fait rire...*
*I. Pourquoi, d'après vous, étudiez-vous la danse, la guitare et aussi les mathématiques, l'italien ? À quoi ça sert, tout ça ?*
*D. (8 ans). Parce que j'aime [la danse] ! Je l'ai demandé dans le cercle et nous l'avons fait.*
*E. (6 ans). D'abord parce que si ma maman va mourir et que je suis encore un peu jeune, si j'ai un ticket de bus ou des cartes, ou bien s'il y a des panneaux de spectacles, je pourrai les lire sans maman. Mais moi je voudrais tellement apprendre à lire parce que j'aime les histoires, les contes qui me lit ma maman.*
*D. (8 ans). J'aime beaucoup les maths parce qu'on fait des multiplications. Tu vois, s'il n'y avait pas les maths, tu ne pourrais pas compter les choses qu'il y a ici. Mais aussi l'italien. L'italien sert à apprendre à écrire, par exemple les cahiers : comment fais-tu si tu ne sais pas les écrire ? Et puis il y a les sciences. Elles servent à comprendre le monde, à comprendre de quoi est fait un papier, ou une chose électrique, des choses comme ça...*
*G. (10 ans). Moi j'aime apprendre, comme ça je peux le raconter aux autres, à quelqu'un qui ne sait pas bien quelque chose, je peux lui expliquer. J'aime savoir les choses, je suis curieux.*
*I. À quoi sert le cercle, l'assemblée ?*

1. Tous les propos ont été traduits de l'italien avec l'autorisation de l'auteur.

*G. (10 ans). L'assemblée, c'est quand tout le monde se réunit. On s'assoit tous en cercle et on parle de ce qu'on va faire. Les maîtresses prennent parfois un papier et nous faisons des propositions d'activités, et puis on décide ce qu'on veut faire.*
*I. Et s'il y a des choses que vous ne voulez pas faire ? S'il y a des problèmes ?*
*D. (8 ans). Moi je ne voulais pas suivre les maths parce que je les avais déjà faites, je m'ennuyais. J'aime les maths, même plus que la danse, mais quand j'ai déjà fait une chose, elle m'ennuie. Je l'ai dit à la maîtresse et elle m'a dit : "Alors va faire de la danse." Donc j'y suis allé, mais après quand je suis retourné en classe, mes amis m'ont expliqué qu'ils avaient fait les multiplications et j'ai dit : "Quoi ? J'ai perdu quelque chose !" et je me suis fâché.*
*E. (6 ans). Moi aussi parfois je me fâche. Alors je sors du cercle, j'ouvre la porte de cette pièce et je m'assois jusqu'à ce que la colère passe, que la tristesse soit finie.*
*D. (8 ans). S'il y a un problème, j'appelle l'assemblée, je parle. Ou bien je le dis aux maîtresses et elles appellent l'assemblée et on le résout.*

Ces entretiens révèlent, de la part de ces enfants, une compréhension et une aisance acquise dans des pratiques qui sont désormais utilisées dans beaucoup d'écoles, et pas seulement dans celles qui sont "différentes", libertaires ou démocratiques. Le cercle (lorsque les enfants partagent leurs opinions assis en cercle) ou l'assemblée (lorsqu'ils élisent leurs représentants ou tiennent conseil), par exemple, sont des outils connus de la plupart des éducateurs et enseignants du système public, surtout aux niveaux préscolaire ou primaire, tout comme les techniques de médiation par les pairs lorsqu'il faut résoudre des conflits entre les enfants. Mais il ne s'agit pas ici de repérer des outils qui pourraient, telles des touches de maquillage par-ci par-là, améliorer ou embellir l'ambiance à l'école sans se soucier de la vision qui l'anime en profondeur. Il s'agit plutôt de cueillir, comme l'a fait Ilaria, l'esprit global dont l'école est imprégnée, ce qui la fait vivre aujourd'hui si "différemment" des autres écoles du quartier. Dès qu'on examine un peu plus, on s'aperçoit que ce qui rend les enfants heureux est finalement le fait qu'ils se sentent dans un environnement bienveillant et libres. "Ce que je voudrais faire, je le fais!… J'ai eu envie de le réaliser et je l'ai fait!" disait cet enfant de 7 ans, tout en laissant entendre qu'il le faisait non pas pour suivre ses caprices du moment, mais parce qu'il était conscient de son plein *droit* d'élève d'explorer ce qui l'attire. Cela mérite peut-être que l'on s'interroge davantage sur la question de la liberté, habitués que nous sommes à exécuter des tâches imposées, des "devoirs" : dans combien de nos écoles peut-on entendre de tels propos dans la bouche d'un élève ? Combien de nos enfants sont dans le plein exercice de leur liberté créatrice ?

L'utilisation de pratiques comme le cercle ou la médiation naît de l'*exercice* de cette liberté dans le quotidien et dans le parcours de vie scolaire, qui va des contenus pédagogiques jusqu'aux tentatives de mise en place d'une nouvelle gouvernance de la part du personnel enseignant, et non le contraire. Ce que cette école fait, c'est bâtir un nouveau système, basé sur une nouvelle façon d'interagir entre parents, élèves et enseignants. À I Saltafossi en particulier, l'intention des parents et des enseignants qui l'ont fondée allait au-delà du simple projet d'école : elle visait à "créer un espace éducatif libertaire et anti-autoritaire, ludique pour les enfants, les jeunes et les adultes, où l'art, la nature et le sens du partage favorisent une croissance harmonieuse et un bon équilibre psychophysique ; où les choix philosophiques, économiques et opérationnels aillent dans la direction d'un style de vie solidaire, sobre et heureux[1]". Ce sont ces mêmes parents et enseignants impliqués directement (au point de mettre à disposition les locaux de l'école, par exemple) qui constituent, de ce fait, la communauté éducative d'I Saltafossi. C'est là, dans la dimension collective, que réside toute la force de ces initiatives. La liberté de parole de ces enfants, le fait qu'ils se sentent autonomes et responsables dans le choix de leurs intérêts et qu'ils apprennent à en assumer les conséquences (la danse à la place des maths, par exemple!) attestent qu'ils sont partie prenante de cette communauté qui, au lieu de les exclure, les écoute au même titre que les adultes. Ils sont, comme le dit bien Ilaria, "le prolongement de leur famille,

1. Statuts de l'association Merzbau, qui gère l'école I Saltafossi.

ils sont à l'aise, ils marchent pieds nus et se roulent par terre sans avoir peur d'être grondés. De même, ils se sentent libres de lever la main, proposer une activité, partager leur propre point de vue, se confronter avec les autres sans que ceci provoque des jugements. [...] Ainsi que l'affirmait Tolstoï, et comme j'ai pu le vérifier lors de mes observations, l'ordre naît spontanément, il n'y a pas besoin d'autorité [...]. L'approche active et coopérative a besoin de règles partagées, et non imposées [...]. Les réponses de ces enfants sont imprévisibles, imprévues, créatives et pleines de vie[1]." Avant sa recherche, Ilaria posait cette question : "La liberté marche-t-elle ?" Si l'on se fie à la description qu'elle donne de ces visages d'enfants heureux, on peut répondre avec elle que oui, elle fonctionne.

*Scuola I Saltafossi*
*Via Cadriano*
*40057 Granarolo Emilia (Bologne)*
*Italie*

Il y aurait encore beaucoup à dire sur d'autres écoles qui éduquent à la joie dans le monde, comme les Sudbury Schools, des écoles libertaires disséminées dans plusieurs pays, qui constituent aujourd'hui un réseau solide, alternatif à l'éducation publique américaine. Il y a aussi des écoles alternatives qui accueillent des enfants et des jeunes dits "différents", et qui font de l'épanouissement et du bonheur de leurs internes une priorité. Par exemple, Eagle Hill, aux États-Unis, travaille avec des adolescents atteints de troubles du développement tels la dyslexie ou l'autisme. Plus près de nous, en Suisse, les centres des Rives du Rhône travaillent avec des toxicomanes selon une pédagogie dite "initiatique". Ce sont des écoles qui se servent de méthodes tirées de l'éducation non formelle ou informelle, qui utilisent un langage et des

1. Ilaria Milanesi, *op. cit.*

outils pédagogiques plus libres et plus créatifs, comme la danse, la musique, le cirque. Il s'agit par là d'"innover pour donner leur chance aux enfants en difficulté", comme l'écrit Martine Roussel-Adam dans son livre *Les Jardiniers de l'âme*[1], où elle décrit des projets éducatifs "alternatifs" aux actions traditionnellement mises en place par les ONG et les associations humanitaires, qui se cantonnent souvent à l'aide matérielle. Ces nouvelles initiatives utilisent "des vecteurs non conventionnels comme l'humour, le jeu, les activités artistiques, [elles] se mettent en lien direct avec le cœur de chaque enfant, lui montrent qu'il est aimé, unique et important, et lui font éprouver des moments de bonheur[2]". Ces projets sont nés en Inde, en Asie, en Afrique, mais aussi chez nous, car l'exclusion et la misère n'ont pas de frontières. Il faut espérer qu'ils se répandent de plus en plus car ils sont porteurs de concepts éducatifs puissants et novateurs, qui bousculent notre façon de voir l'humanitaire et nous remettent en cause au sujet de l'"aide"... "Qui aide qui ?" pourrait-on finalement se demander dans cette nouvelle posture qui met l'enseignant au même niveau que l'enseigné. C'est parfois dans la détresse absolue que l'on trouve des occasions d'évoluer : les témoignages de ces éducateurs, ces *jardiniers de l'âme* qui accompagnent au jour le jour les enfants des rues, des bidonvilles et des quartiers violents des cités des quatre coins du monde, le prouvent et constituent une bonne introduction pour aller voir de plus près ce qui se passe...

Cette réflexion nous aura servi de prétexte pour introduire le cas de l'Afrique : qu'en est-il en Afrique de l'expérimentation et de l'innovation pédagogique ? Y a-t-il des écoles qui rendent les enfants heureux ? Elles existent sûrement, même si elles ne sont pas très connues. Par exemple, on peut compter sur un petit nombre d'écoles Steiner ou Montessori, présentes depuis déjà quelques décennies en Tunisie, en Algérie et au Maroc. Ceci sans compter les projets d'écoles communautaires répandues dans tout le continent,

1. Martine Roussel-Adam, *Les Jardiniers de l'âme*, J.-C. Lattès, 2011 (association Chemins d'enfances : http://www.cheminsdenfances.org).
2. *Ibid.*

soutenues par les grandes ONG internationales et les agences des Nations unies, qui utilisent souvent des pédagogies non directives. La question de la paix et du dialogue interreligieux étant devenue cruciale, de nouvelles initiatives basées sur une approche “de terrain”, plus liée aux racines culturelles africaines, sont aussi en train voir le jour.

Elles représentent un espoir de changement qui contraste avec la situation que beaucoup de pays africains vivent en ce moment, ravagés par des conflits meurtriers qui n'ont pas beaucoup à voir avec une prétendue guerre de religion, mais qui sont plutôt engendrés par des intérêts d'ordre économique : les mines d'or ou de diamants, l'uranium... Si, comme le dit Nelson Mandela, “l'éducation est l'arme la plus puissante qu'on puisse utiliser pour changer le monde”, il faudra bien doter les révolutionnaires africains non pas de kalachnikovs fabriquées en Europe, mais de nouvelles écoles, libres, ouvertes, démocratiques. Il s'agit par là non seulement de créer de plus en plus d'écoles, mais d'inventer, pour l'Afrique aussi, de nouvelles pédagogies qui prennent en compte la culture et, surtout, les cultures propres à ce continent. Car la vision éducative sur laquelle se base aujourd'hui la majorité des systèmes d'éducation des pays africains demeure encore celle qui a été importée par la colonisation : quid de l'utilisation des méthodes traditionnelles de prévention de conflits dans les écoles publiques, par exemple ? À ma connaissance, les expériences d'éducation à la paix à l'école sont très peu nombreuses, voire inexistantes.

Un des rares exemples a été le projet sur la “parenté plaisante”, initié en 1998 au Sénégal et au Mali par l'association ENDA Tiers-Monde[1] et arrêté peu après, faute de moyens financiers. La parenté plaisante est un véritable réseau qui permet d'établir des chaînes d'équivalences patronymiques sur de vastes espaces en Afrique de l'Ouest, en fondant une citoyenneté nationale et régionale sur des rapports de convivialité. Depuis le début du règne de Soundiata Keïta, en 1235, la pratique de la parenté plaisante continue de jouer un rôle de

1. Antonella Verdiani, *Bonnes pratiques de résolution non violente de conflits en milieu scolaire*, Unesco, 2002.

régulateur social, par l'apaisement des crises et des conflits. C'est un ensemble de liens privilégiés et permanents, fonctionnant sur la base de l'humour et de la dérision courtoise, qui s'applique à presque toutes les structures de la société : la famille, la classe d'âge, les alliés par mariage, les générations alternées, les villages voisins, les territoires voisins, les groupes ethniques voisins, l'école. Financé et diffusé dans les écoles, non seulement un tel projet aurait une valeur éducative puissante, mais il bouleverserait radicalement la façon de communiquer entre les différents acteurs de la société. Il serait un exemple pratique de la *reliance* à laquelle l'éducation à la joie se réfère, capable par sa puissance symbolique de relier les jeunes avec leurs racines culturelles.
Un autre exemple, encore à ses débuts, est le centre pour la jeunesse École vivante[1] au Maroc, une petite école située dans le Haut-Atlas, dans la vallée berbère d'Aït Bouguemez, à 1800 mètres d'altitude, dans une zone rurale sous-développée. Ce projet, qui donne aux jeunes Berbères des racines bien ancrées dans leur culture d'origine, est aussi un clin d'œil au mouvement de renouveau qui a récemment traversé le Maghreb et il est porteur, malgré les revirements politiques, d'un espoir de réforme de l'éducation aussi.

1. École vivante : http://www.ecolevivante.com.

# 4

# EXPÉRIENCES ET MÉTHODES D'ÉDUCATION À LA JOIE : EN FRANCE

*L'exemplarité n'est pas une façon d'influencer, c'est la seule.*

ALBERT SCHWEITZER

Parmi les courants d'éducation alternative examinés jusqu'ici, on a mentionné des écoles et des initiatives qui ont vu le jour à travers le monde, quelques-unes étant aussi présentes en France. L'objectif du présent chapitre est de cerner un peu plus la réalité française en apportant quelques exemples (d'écoles ou de pédagogies) qui sortent un peu de l'ordinaire. Dans le système public, la liste des établissements "différents" n'est pas longue : en 2008, selon les données récoltées par Marie-Laure Viaud[1], on ne comptait que 18 écoles maternelles, 25 primaires, 3 collèges et 13 lycées, en majorité appartenant à la pédagogie Freinet. Ces écoles ont dû se tailler une place à l'intérieur aussi du secteur privé, dominé depuis des siècles par l'enseignement catholique. La résistance au changement est forte. Mais ce qu'il faut remettre en cause, ce ne sont pas les valeurs de démocratie, d'universalité et de gratuité sur lesquelles l'Éducation nationale se base. Ce qu'il faut complètement renverser, c'est la façon d'interpréter ces valeurs à l'école, qui reste le lieu privilégié pour traduire ces concepts en pratiques, en méthodes, en exemples. Si, comme le dit Philippe Meirieu[2], "dans une société démocratique, l'éducation est consubstantiellement éducation à la démocratie", nous devons commencer par changer les mentalités de tous ceux qui font le monde de l'éducation pour "définir ensemble le bien commun et [...] travailler à plus de solidarité entre les hommes et entre les peuples".

Ce livre n'est pas une critique du système public. Il est plutôt un éloge de ce qu'il existe déjà de novateur dans l'éducation, public et privé confondus. Il y a des enseignants de l'Éducation nationale qui, "une fois la porte de la

1. Marie-Laure Viaud, *op. cit.*
2. Philippe Meirieu, "Principes possibles pour une éducation démocratique", article en ligne : http://www.meirieu.com.

classe fermée" (pour reprendre l'expression d'une amie professeur d'école), sont capables de faire preuve d'imagination et de liberté pédagogique tout en respectant le programme ministériel. C'est souvent le fruit de décennies de pratique, l'expérience leur ayant appris les ruses d'un métier difficile qu'ils continuent d'aimer au-delà de ses multiples contraintes. Comment comprendre la passion et la nature de leur engagement, qu'est-ce qui fait que ces maîtres et maîtresses d'exception restent dans un environnement qui leur est souvent hostile ? Leur salaire (par ailleurs de plus en plus menacé) n'est pas celui de leurs confrères finlandais, la formation que le système leur offre n'est pas suffisante et, s'ils désirent être au courant des dernières avancées en pédagogie, ils doivent souvent se payer des stages pendant leur temps de vacances. Dans ce métier qui ressemble plus à un parcours du combattant qu'à une pratique du bonheur (celui d'enseigner !), il n'est pas rare qu'ils se sentent seuls ou isolés. C'est aussi pour rendre hommage à leur détermination, que l'on pourrait qualifier d'héroïque, que j'ai voulu leur donner la parole dans un livre qui parle d'éducation à la joie. Oui, il existe des maîtres qui rendent nos enfants heureux : Philippe, interviewé ci-après, les représente à merveille.

### Une fois la porte de la classe fermée : témoignage d'un maître "différent"

Philippe est un professeur d'école "pas comme les autres". En même temps, il ressemble à tant de ses collègues qui, comme lui, aiment transmettre, guider, accompagner leurs élèves dans un parcours qui relève plus de l'art que de l'enseignement. Par choix, malgré son doctorat, Philippe a toujours travaillé dans les écoles de banlieue ; il a donc toujours eu affaire à des classes multiculturelles, multireligieuses, avec des enfants maghrébins, africains, chinois, indiens... Si j'affirme que pour lui enseigner est un art, c'est parce que, dans ses cours hors du commun, il lui arrive de concilier des matières *a priori* inconciliables, comme les arts plastiques, les sciences naturelles ou la poésie. Ses leçons, il les donne dès qu'il le peut en bord de rivière, à la montagne ou tout simplement dans le jardin public à côté de l'école. Avec lui, ses élèves apprennent bien plus que les disciplines au programme, ils révèlent leur talent. Par la découverte de la terre, du ciel, de l'eau, des animaux et des insectes qu'il leur apprend à observer, souvent pour la première fois, les enfants se découvrent eux-mêmes. C'est donc d'étonnement et d'émerveillement qu'il s'agit dans sa pédagogie, une pratique quotidienne d'éducation à la joie.

La meilleure façon de comprendre le travail de Philippe est de l'écouter. Il ne s'agit pas de célébrer l'individu, mais de démontrer comment l'éducation peut devenir, par contre, célébration du vivant, même au quotidien, même avec les "moyens du bord" de l'Éducation nationale. Les difficultés et les incompréhensions qu'il rencontre dans son milieu, avec ses collègues et ses supérieurs, sont parfois nombreuses : cela n'empêche pas que, depuis des années, il a encore envie de faire rêver ses enfants.

*Antonella. Peux-tu me raconter ta classe, ta façon d'enseigner ?*
*Philippe. J'ai 23 enfants, un visage du monde. Aujourd'hui on enseigne au monde. On enseigne aux cultures différentes, aux religions différentes, aux visages, aux peaux différentes. Et il y a un esprit qui relie tout ça. Je pense que c'est la poésie. Par poésie j'entends non pas "amour" qui rime avec "toujours", mais un grand respect de la sensibilité et du don de chaque enfant. L'émergence d'un don ou d'une disposition particulière chez un enfant, on ne peut pas la voir dans la conduite classique d'une classe, qui verrouille généralement l'expression des talents. Mais on la voit plutôt dans des travaux de peinture de la nature, dans la rencontre avec un animal, dans une invitation à être soi-même, tout simplement. Le cadre de la vie de classe doit être autorisant, émancipant. Il faut susciter une grande liberté d'action chez l'enfant. "Si je veux une feuille, je ne vais pas poser la question au maître, je me lève et, dans la discrétion, je vais chercher une feuille." Aujourd'hui, l'enseignement se déroule sur un mode frontal, les enfants sont assis face au maître qui décline les choses. Moi, je ne peux pas être dans un enseignement frontal. Je préfère la relation de groupe, en îlots où le savoir s'élabore, se co-construit. Je veille à ce que les enfants apprennent à travailler ensemble par groupes de quatre ou de cinq,*

*je veille à repérer les compétences des uns et des autres, à produire une réflexion, en mathématiques, en histoire, en sciences, qui sera rapportée ensuite par un des enfants devant tout le monde.*

*A. C'est donc d'un travail d'équipe qu'il s'agit : est-ce qu'ils le comprennent tout de suite ? S'y sont-ils habitués ?*

*P. Non, c'est très dur parce qu'ils sont habitués au contraire, à un modèle où ils se comparent. Il y a à l'école une violence symbolique très forte, qui génère un élitisme, un besoin de réussir à tout prix, avoir la bonne note, sans comprendre et sans s'approprier les contenus, en fait sans naître avec le savoir. L'enfant devient un peu comme un perroquet, comme cet élève qui travaillait avec moi sur l'écriture d'un journal de bord, qui me demande : "C'est bien la réponse que vous attendiez, maître ?" Et je lui dis : "Je n'attends aucune réponse. J'attends ta réponse. Toi-même." Ce que je dis à mes élèves, c'est : Il n'y a pas une réponse, il y a votre réponse. Notamment dans le projet sur l'animal totem, nous avons travaillé sur un animal ami qui dit aux enfants : "Si tu m'offres ta faiblesse, j'y déploierai ma force." À l'école, il s'agit de cela : reconnaître que, dans le lieu de la faiblesse et du manque, une force peut être donnée. L'animal allié est celui qui peut, par l'écriture, par le dessin, d'une façon très concrète, aider aussi l'enfant.*

*A. Parle-moi de cette expérience que tu viens de faire en montagne avec ta classe de cm2 pendant deux semaines...*

*P. Conduire sa classe en pleine nature est un projet collectif et coopératif. On a travaillé sur l'autonomie, la responsabilité des enfants, en y associant les parents, évidemment. Ils devaient être capables de faire l'inventaire des affaires à placer dans leur valise en imaginant ce qu'ils avaient à vivre sur place. Proposer un imaginaire créateur où ils allaient être amenés à utiliser des cartes, des boussoles, des sacs, etc. Est-ce qu'ils allaient prendre une corde, un livre sur les animaux de la forêt, leur paire de jumelles ? Chacun devait faire sa liste de matériel spécifique pour quinze jours en montagne, à la manière d'un Sylvain Tesson dans son voyage immobile au bord du lac Baïkal. J'ai senti qu'il y avait là une opportunité à faire vivre, qui permettrait à des enfants de la ville de prendre une distance par rapport à un quotidien où il y a beaucoup d'écrans : le téléphone portable, l'ordinateur, la télévision qui débite des images très violentes. Écrans qui coupent du réel et d'un rythme sain. La chance d'un grand bonheur en croisant la route du nomade-écrivain naturaliste François Cayol, son passage dans la classe cinq jours avant notre départ a lancé un socle innovant de compétences à expérimenter, à savoir :*

- *Partir léger dans un joli coin pour dessiner ;*
- *Répéter avec persévérance (écriture, dessin, marche, écoute, etc.) ;*
- *Prendre de la distance par rapport aux bruits de la ville ;*
- *Se retrouver seul dans la nature ;*
- *Prendre de la hauteur ;*
- *Utiliser ses dons ;*
- *Se donner du temps pour lire et s'inspirer ;*
- *Laisser une trace de son vécu (dessins, écrits, témoignages, etc.) ;*
- *Consulter l'héritage des cultures premières ;*
- *Aimer la vie sauvage et la défendre.*

A. *"Prendre de la hauteur" a une signification réelle en montagne, mais aussi une signification symbolique. Tu peux peut-être raconter l'expérience de cette jeune fille qui a choisi ton animal totem ?*

P. *Oui, c'est prendre de la hauteur par la montagne, par l'altitude. Mais aussi prendre de la distance, dans un cadre magnifique, par rapport à la façon de vivre dans la ville. Quand on est à la montagne, on voit les petits problèmes de très loin ; ils deviennent beaucoup moins importants que lorsqu'on a la tête dedans. Cette enfant de 11 ans a été capable de me dire : "Je n'ai jamais eu un maître comme vous. Vous nous avez appelés à aimer la nature." Puis, avec beaucoup de gratitude et une inspiration profonde, elle m'a donné mon animal totem, en me disant que j'étais telle une oie des neiges qui a comme qualités la persévérance, la patience, le travail et l'éveil du sens de la vie sur Terre. C'est quelque chose qui m'a profondément touché. Krishnamurti dit que l'amour, ce n'est pas des sensations, ce n'est pas des sentiments, c'est de la beauté. La beauté d'une personne, la justesse d'une parole. Les enfants sont capables de cette beauté, dans certains de leurs écrits, de leurs peintures extraordinaires, très souvent sans prendre la mesure de ce qu'ils ont dit ou fait.*

*A. Dans le sens qu'ils n'en ont pas la conscience ? Parce qu'on ne leur apprend pas ou parce qu'ils l'ont perdue ?*

*P. À un moment donné, lorsqu'on est créateur, peintre ou poète, on touche "quelque chose" et on se dit : "C'est bon" et il faut en prendre soin. Peut-être que nous ne savons pas comment éduquer un enfant à évaluer ce qu'il traverse, si c'est vraiment juste, si c'est beau et s'il faut qu'il en prenne soin.*

*A. C'est ce que tu appelles la découverte de son propre trésor ?*

*P. Oui, de son intériorité. Finalement, s'il y a une qualité dans cette pédagogie que j'essaie de défendre, c'est bien celle de la sensibilité et de la singularité de chaque enfant. C'est une parole à répéter, un regard à réitérer très souvent et, si la famille ne peut pas l'entendre, ne peut pas le voir, l'enfant ne peut que partiellement s'inscrire dans cette pédagogie. Aujourd'hui, la grande souffrance dans l'Éducation nationale, c'est bien celle-ci : on ne fait plus cas de la vulnérabilité, de la sensibilité, de l'humanité de l'enfant. On veut qu'il soit performant à tout prix, pas au niveau poétique, dans le dessin, la peinture, le chant, la démarche expérimentale, etc., mais par rapport à quelque chose qui n'existe même pas, un leurre, un fantôme : être le meilleur. On passe ici à côté de l'humanisation ! C'est attristant et tragique : l'école se coupe de l'ancrage du monde, elle ne vivifie pas la compréhension de ce qu'est le petit d'homme, elle ne l'encourage pas à s'enraciner dans le terreau des cultures du monde ! Nous sommes tous faillibles, imparfaits, vulnérables ; les élitismes de tout genre se sont substitués à la coopération entre les êtres et les choses. Logique violente qui s'empare des enfants, l'institution leur fait mal et ils finissent par faire souffrir les représentants de cette institution. Certains enfants sont capables d'une rare violence vis-à-vis d'eux-mêmes, des autres, des choses et de tout ce qui symbolise l'autorité… participons-nous à ce processus ?*

*A. Même au primaire ?*

*P. Du primaire jusqu'à l'université. Comme je le disais, on n'est pas du tout dans la coopération, dans le partage des compétences… Moi, je n'utilise même plus le mot "compétence" : je parle de talent ou de don.*

*A. La découverte de son propre talent, j'en parle dans mon approche d'éducation à la joie. Et tes élèves, ont-ils des moments de joie ?*

*P. Ah, oui. Ce sont des moments de joie qu'on peut dire réels, qui ne sont pas attachés à un objet, à une réussite. C'est le dessin, la poésie, la parole, l'attitude juste. Éduquer à la joie, c'est ne pas dénaturer l'enfant et ne pas rater sa rencontre avec le monde, avec l'univers. Tu arrives avec des dispositions, des talents qu'il ne faut absolument pas dénaturer. La joie, c'est se sentir profondément autorisé à être ce que l'on est.*

Ce que Philippe n'exprime pas ici, c'est sa difficulté à se confronter au quotidien à une institution qui non seulement ne lui reconnaît pas ses (évidents) succès avec ses élèves, mais lui fait obstacle. Car une telle passion dérange, provoque, trouble l'ordre institué. De plus, la pratique de la poésie, non pas celle qui est apprise par cœur, mais celle qui est créée, parlée, dessinée, vécue dans les paroles des enfants, devient l'expression d'un émerveillement difficile à traduire dans les mots de l'institution. Ce professeur leur apprend à formuler des mots imagés qu'on ne retrouve pas dans le dictionnaire, encore moins dans les programmes ministériels. Par la force des choses, il n'est pas rare que ses collègues, ses supérieurs hiérarchiques ou l'inspecteur comprennent très peu, voire rien du tout, à sa pédagogie. Cependant, ce maître "pas comme les autres" n'est pas le seul à vouloir changer l'école. De plus en plus de professeurs d'école, de collège ou de lycée commencent à vouloir emprunter des chemins semblables au sien. Friands de nouveautés dans tous les domaines, ils fréquentent les formations que l'Éducation nationale n'offre pas, à la médiation, à la communication non-violente, à la prévention des conflits, afin d'animer leur classe différemment. Il n'est pas rare qu'ils repartent de ces formations avec une nouvelle idée de leur métier, une perspective qui les place non plus en victimes de l'institution, mais en acteurs-auteurs d'un nouveau projet pour l'école. "Une fois la porte fermée", dès qu'ils sont en situation pédagogique avec leurs élèves, c'est là qu'ils peuvent réellement apporter un changement. S'ils n'y arrivent pas, si l'institution est trop enfermante et fermée, il n'est pas rare de les voir partir pour ouvrir une nouvelle école. C'est ce qui s'est passé dans les expériences qui suivent.

### L'école du Colibri aux Amanins

Avant de créer l'école du Colibri dans la Drôme, Isabelle Peloux a été professeur des écoles, puis formatrice pour les enseignants. Lorsque, en 2005, le projet agroécologique des Amanins, auquel elle participait, prend forme, la question éducative commence également à se poser. Un tel lieu, fondé sur l'amour et le respect des hommes et de la nature, ne pouvait pas ne pas accueillir une école inspirée par les mêmes valeurs ! C'est ainsi qu'Isabelle a décidé d'en ouvrir une : rien de plus simple, si on l'écoute… “J'ai été surprise par la simplicité des démarches à effectuer, affirme-t-elle[1], cette initiative est accessible à tous, à condition d'avoir son bac et bien sûr d'appliquer les programmes officiels. […] À l'intérieur de ce cadre, le statut de cette école offre la liberté d'utiliser les méthodes de son choix et d'organiser comme on le souhaite les apprentissages, y compris ce qui concerne le temps imparti à telle ou telle discipline.” Sa vision était celle d'un lieu de vie ouvert, où l'apprentissage puisse aller de pair avec la mise en situation ; d'une éducation centrée sur la nécessité d'apprendre à faire ensemble, sur le besoin d'éduquer pour élever les consciences. Pour ce qui est des moyens, sa grande inspiration a été de lier le projet de l'école à celui des Amanins, un site qui allait devenir un centre de développement agricole et d'accueil de séminaires et de vacances. “Il n'était pas question que l'on crée une école pour privilégiés, me dit Isabelle que je rencontre dans un forum organisé par le centre. Notre fonctionnement dépend donc depuis cinq ans du mécénat, dont nous n'avons pas l'habitude en France, mais qui se pratique beaucoup dans les pays anglo-saxons.” C'est ainsi que l'école élémentaire du Colibri a pu ouvrir ses portes à la rentrée 2006, avec des frais de scolarité très limités pour les familles (environ 100 euros par mois, cantine comprise).

La particularité de ce lieu rejoint celle de l'école du hameau des Buis : l'une et l'autre sont immergées dans deux sites écologiques d'exception. Aux Amanins, en particulier, les enfants peuvent découvrir le jardinage, l'élevage et la

1. Dans Lionel Astruc, *(R) évolutions. Pour une politique en actes*, Actes Sud, 2012.

transformation du lait en fromage, les cultures céréalières et la transformation du blé en pain, la nutrition et la restauration, les énergies et le recyclage, ainsi que d'autres démarches très concrètes en rapport avec le programme scolaire officiel. De plus, l'une et l'autre école sont inspirées par la vision de Pierre Rabhi, agroécologiste de renommée internationale, qui réside dans la région. C'est d'une inspiration plutôt d'ordre philosophique qu'il s'agit dans ce cas : car, au lieu de se poser la question, pourtant légitime : "Quelle planète laisserons-nous à nos enfants ?", Pierre a renversé le problème : "Quels enfants laisserons-nous à la planète[1] ?" nous demande-t-il.

C'est à ce défi qu'Isabelle Peloux s'est attachée, celui d'aider à la naissance de nouveaux êtres humains, responsables, solidaires, ouverts au monde. Mais vivre en paix, solidairement et en citoyens responsables nécessite un apprentissage différent de ce que l'école nous propose traditionnellement. Par exemple, cela demande que l'on *apprenne à apprendre*, ce que l'école propose par des techniques différentes, empruntées à la pédagogie Freinet ou à d'autres (par exemple, les élèves apprennent à se servir correctement de leur mémoire, pour établir des liens entre des "règles" et leur utilisation concrète). Cela nécessite encore que l'on enseigne le *travail de groupe*, fondé sur la coopération, plutôt que la compétition (les élèves confrontent les résultats qu'ils ont obtenus par un travail individuel préalable et les mettent en commun, d'abord avec le groupe et ensuite avec le reste de la classe).

La liste des notions et des méthodes pédagogiques utilisées par l'école du Colibri est longue, et elle ne diffère pas beaucoup des expériences des écoles présentées jusqu'ici. Au contraire, la même approche globale de l'enfant les relie. Car on veille ici à que ses *différentes formes d'intelligence* "linguistique, logico-mathématique, kinesthésique, spatiale, musicale, naturaliste, interpersonnelle et intrapersonnelle" soient développées, comme on peut le lire dans la présentation du projet. Bien évidemment, les enseignants formés et capables d'accompagner et d'orienter les enfants selon cette approche

1. *Quels enfants laisserons-nous à la planète ?* est aussi le titre d'un film réalisé par Anne Barth et produit par Michel Valentin, en 2010, sur l'expérience de l'école du Colibri.

bienveillante font aujourd'hui défaut. C'est pourquoi Isabelle a décidé d'en former, en accueillant des stagiaires qui sont mis en situation dans une classe tout au long de l'année. La figure de l'enseignant est très présente, il ne s'agit pas ici de ce que l'on pourrait appeler une école "libertaire", même si la notion de liberté est également très présente dans les débats, dans les réflexions et finalement dans les expressions de ces enfants. Il s'agit, je le crois, d'enfants "bien dans leur peau", aux visages ouverts, curieux et extrêmement vivants. Comme toujours dans mes enquêtes, j'ai posé à Isabelle Peloux la "question fatidique"...

*Antonella. Qu'est-ce qui fait que tu peux dire de tes élèves qu'ils sont heureux, dans la joie ? Y a-t-il des indicateurs ?*
*Isabelle. Il y a des signes extérieurs, quand ils arrivent en courant à l'école, par exemple. Quand on sonne la cloche et qu'ils se précipitent pour entrer. C'est toujours surprenant. Quand ils sont en train de chercher à plusieurs et que je leur dis : "Ça va être l'heure" et qu'ils me répondent : "Attends, attends, je n'ai pas fini !" Quand un enfant est sur une recherche et demande à rester pendant la récréation pour pouvoir la terminer... Ce sont des signes visibles dans le contexte des apprentissages. Après, c'est plutôt dans l'attention qu'ils ont entre eux que je perçois ça. C'est souvent la capacité des élèves dits, entre guillemets, "pas très bons", d'avoir une grande attention à l'autre. Ils sont capables de venir me dire : "Isabelle, t'as pas vu untel, ça n'a pas l'air d'aller... T'as oublié de dire à machin quelque chose..."*
*Ils ont aussi une capacité d'enthousiasme. Cette envie d'apprendre qui existe chez l'enfant, il n'y a qu'à la nourrir ! C'est fou d'entendre les élèves qui, en sortant de l'école du Colibri, passent au collège en sixième, reviennent me voir et me disent : "Si tu savais comme on s'ennuie !" C'est impressionnant, car l'envie d'apprendre est là, et nous n'avons qu'à la nourrir, la questionner.*
*Je perçois qu'ils vont bien dans cette autre capacité à réfléchir, par exemple dans les ateliers philo. C'est très beau de voir l'émergence de cette pensée que, même à l'âge qu'ils ont 10 ans ils sont en train de construire. Et en même temps ils sont tellement sages ! Je suis assez sidérée par des enfants de cp capables, à travers des exemples,*

*non pas de conceptualiser, mais de dire déjà la problématique. Par exemple, face à la question de la liberté, à celle du choix...*
*L'année dernière on a fait des ateliers philo autour de l'histoire de Dominique Strauss-Kahn, présentée par les médias de façon un peu particulière. On s'est dit que c'était peut-être le moment d'en parler. On leur a donc posé la question : "Qu'est-ce que c'est pour vous, un adulte correct ?" Ouah ! Pas facile d'être un adulte correct ! Ils sont très exigeants, et d'une pertinence ! Ils savent ce qu'ils attendent clairement ! On leur a aussi posé la question : "Est-ce qu'il manque quelque chose dans la tête des enfants pour qu'ils puissent décider ?" Et là, avec leur clairvoyance : "Bien sûr, il nous manque l'expérience !" Voilà, la seule chose que l'on puisse partager, c'est notre propre expérience... mais du coup il faut que l'éducateur l'ait faite et conscientisée. Il faut être conscient de ses limites et de ses mécanismes de défense. Il faut reconnaître que soi-même on est capable des bassesses que l'on peut voir chez eux, que l'on connaît. On est des humains, nous aussi nous avons ça en nous. Ça, c'est la responsabilité de l'adulte, s'il veut accompagner des enfants dans l'éducation, il faut qu'il soit clair avec ça. Mais il ne faut pas qu'il attende d'être prêt, il faut être sur ce chemin-là, de responsabilisation.*
*Pour finir, cette joie des enfants, je la lis dans cette sagesse qui d'un coup va sortir, qui explose. Et qui est simple.*

Aujourd'hui l'école du Colibri accueille une trentaine d'enfants épanouis, coopérant les uns avec les autres, heureux de se rendre à l'école le matin, bien avec eux-mêmes et avec les arbres et les animaux qui les entourent. Isabelle dit avoir le projet d'ouvrir aussi un collège, elle attend de rencontrer des enseignants qui, comme elle, acceptent le défi d'"éduquer pour élever les consciences".

*École du Colibri*
*Association Les Amanins*
*26400 La Roche-sur-Grane*
*http://www.lesamanins.com*

## Une école au service de la vie : Living School à Paris

Je rencontre Caroline Sost un beau matin de printemps, dans l'école Living School qu'elle dirige dans le 19e arrondissement à Paris. Les 66 enfants de l'établissement, répartis en deux sites différents, sont en sortie. Il fait beau et le parc des Buttes-Chaumont n'est pas loin. Autant profiter du soleil pour aller voir de près ce qu'on regarde dans les livres sur la nature éparpillés sur les bancs. J'avais connu Caroline en 2007, à l'époque où elle cherchait un local pour ses classes, un espace qui allait refléter sa vision de l'éducation, ouverte sur soi et sur le monde. Il fallait donc que l'école soit à la fois lumineuse et chaleureuse, spacieuse et intime... Ce ne fut pas une mince affaire, mais finalement Living School a ouvert ses portes en septembre 2007 avec une classe de maternelle, suivie ensuite par des classes de primaire aujourd'hui du CP au CE2.

Lorsque je demande à Caroline en quoi cette école se différencie des autres établissements alternatifs, elle me répond en décrivant les activités de Living School : ici on enseigne l'anglais depuis la maternelle, on pratique l'éveil corporel (animé chaque jour par un enfant différent), on mange bio, on boit de l'eau filtrée et dynamisée, on rencontre les personnes âgées du quartier, on s'échange des savoirs, on parraine des enfants à l'autre bout du monde... des activités engendrées par une vision éducative précise, sur laquelle cette école se fonde. En fait, Living School travaille fondamentalement sur trois axes : le savoir-être, l'écocitoyenneté et la coéducation. En ce qui concerne le savoir-être, Caroline explique qu'il s'agit "de connecter l'enfant avec son propre ressenti, pour qu'il se sente plein au niveau de son être, autonome et pas aliéné". C'est donc un parcours de confiance en soi, pour arriver à la compréhension des autres. La dimension intérieure est centrale l'exemplarité des enseignants aussi et tient principalement à la démarche de Psychologie d'évolution[1] suivie

1. Créée par Edel Gött, la Psychologie d'évolution est une démarche de développement et d'évolution de l'individu et de la société, qui valorise le potentiel de réalisation de chacun. C'est une dynamique de vie et de création de valeur, qui vise un épanouissement global des personnes dans toutes leurs dimensions intuitive, intellectuelle, affective et physique (http://www.recherches-et-evolution.com).

par la directrice. D'où les séances de formation régulièrement proposées aux enseignants, sans lesquelles enseigner à Living School serait impossible. Il s'agit, comme en témoigne Joseph, enseignant en CM1, d'une formation "hors du commun, qui a l'audace d'aller à l'encontre des paradigmes qui ont cours dans la conception des formations en éducation en France, car elle met l'accent sur le savoir-être de l'enseignant plus que sur son savoir et son savoir-faire".

La découverte du "trésor intérieur" que chaque enfant, chaque enseignant et chaque parent recèle en soi est aussi une manière à la fois profonde et simple de cultiver cette dimension intérieure, une incitation à cultiver ses propres singularité et beauté, un peu comme le fait Philippe dans ses classes de "découverte". La maman de deux petits élèves nous dit en quoi ce trésor consiste : "Un soir, j'avais un coup de téléphone très important à passer, donc je couche les enfants en les prévenant que je ne serai pas disponible pour eux pendant cette demi-heure au téléphone. « Compris, maman. » Mais un quart d'heure plus tard ma fille pleure dans son lit, de plus en plus fort ! Son frère aîné vient me prévenir (au cas où je n'aurais pas entendu !) et je lui dis que je vais bientôt venir. Quand, dix minutes plus tard, je descends, elle ne pleure plus. Je vois son frère à ses côtés, en train de lui parler : « Tu sais, ma choupinette, tu as un trésor à l'intérieur de toi, fais-toi confiance et tu vas trouver une solution pour arrêter de pleurer… » J'étais cachée, émue. Puis il a continué : « Tu sais, moi avant j'étais nul et maintenant ça va mieux ! » Là, je suis sortie de ma cachette pour rectifier : « Tu n'as jamais été nul, mon loulou, c'est juste que tu n'avais pas les bonnes lunettes pour voir ce trésor qui est à l'intérieur de toi ! » Voilà un exemple du merveilleux travail de Living School !"

De toute évidence, ce chemin de découverte implique aussi une forte participation des parents qui sont partie prenante du processus de coéducation (le troisième axe). Par exemple, "il y a des ateliers en soirée, de mise en situation des parents qui sont confrontés à des situations familiales courantes. Si un parent ne veut pas ou ne sait pas mettre des limites, nous travaillons ensemble pour lui apprendre comment apporter un cadre. Le tout avec amour !" explique Caroline. Nathalie, maman d'un enfant de 4 ans, en témoigne : "Les ateliers sont tout simplement fantastiques. Depuis que j'y ai participé, je suis plus à l'écoute, je gère aussi mieux mon propre ressenti, mes propres émotions dans les situations sensibles avec mon fils, et il est de ce fait rare qu'elles s'enveniment. L'ambiance est plus détendue, nous ne sommes plus dans des rapports de force. Je sais aussi me faire écouter sans avoir à répéter dix fois la même chose. Tous les conseils qui y sont donnés facilitent vraiment le quotidien. Les mises en situation sont un outil très puissant pour vivre, ressentir des situations tant du côté du parent que de l'enfant. Ils permettent de corriger un comportement et de constater la différence dans la réponse de l'enfant."

Cela implique, évidemment, que les parents adhèrent pleinement à la vision éducative de l'école et en partagent les valeurs. S'ils le désirent, ils peuvent aussi s'impliquer activement dans la vie de l'école, pour animer des ateliers thématiques (chinois, yoga, abeilles, etc.) ou présenter un métier. La traduction en pédagogie du deuxième axe de l'école, l'écocitoyenneté, a beaucoup à voir avec le développement, chez les enfants, du sens de la responsabilité, pour les préparer au monde de demain : "en 2007-2008, raconte une maîtresse, nous avons abordé la thématique de l'arbre et de la forêt. Nous avons prévu plusieurs sorties en forêt et la réalisation par les élèves, avec un professionnel, d'une pépinière. Nous sommes sortis à deux reprises en forêt (à l'automne et au printemps) avec un professionnel de la reforestation. Nous avons aussi créé un terrarium pour des vers de terre et découvert le rôle primordial qu'ils jouent dans l'équilibre de notre planète."

S'impliquer, explique encore Caroline, signifie agir à deux niveaux : dans le monde et dans le monde des enfants. En ce qui concerne *leur* monde, il faut créer des espaces de rencontre et de partage, comme les conseils d'enfants qui permettent d'échanger des informations et de résoudre ensemble des problèmes, des lieux d'apprentissage de la démocratie et de la citoyenneté au quotidien. C'est la raison pour laquelle Living School a lancé, en juin 2012, l'événement "Tous les enfants du monde ont des talents, tous !" dans le cadre de la campagne de mobilisation de la Semaine planétaire pour un monde meilleur. Cette initiative part du principe que, comme l'affirme son titre, chaque enfant a un potentiel constitué par ses richesses, ses talents et ses compétences. Avoir confiance en ses capacités dès le plus jeune âge, c'est un cadeau pour la vie.

"Plutôt que de porter son regard sur les limites et les difficultés des enfants à coups de « Tu peux mieux faire » ou de « Nul », il serait bon, continue Caroline, d'orienter résolument son regard sur l'immense potentiel des enfants. Les enfants disposent effectivement d'un potentiel infini pour créer, inventer, grandir, se développer." Pour relayer cet événement dans les écoles, les lieux d'éducation et de loisirs, Living School a conçu un kit à destination des professionnels de l'éducation, que l'on peut télécharger à partir de son site Internet (ci-dessous). Cet outil doit servir à créer en classe un climat positif et constructif, en donnant par exemple aux enfants le droit à l'erreur, en les considérant dans leur potentiel et sans jugement de valeur. Les enseignants, les éducateurs, les animateurs pourront instaurer, par exemple, des moments spécifiques pour célébrer les réussites des enfants. Les ressources pédagogiques proposées dans le kit sont les suivantes, auxquelles d'autres peuvent s'ajouter, selon la créativité des éducateurs et des parents :

- Le non-jugement ;
- Les cahiers de réussites ;
- La célébration des qualités ;
- Le marché des connaissances ;
- Les panneaux de mots positifs ;
- Les conseils d'enfants ;
- Les scènes ouvertes ;
- Les jeux coopératifs ;
- Des enfants qui changent le monde.

Ces outils aux noms évocateurs ont été développés et sont couramment utilisés par les enseignants de Living School. Ils sont faciles à mettre en place, mais ils impliquent que l'école tout entière se mobilise car ils demandent parfois la participation des parents, des voisins, des autres classes ou d'autres écoles. Lorsque, par exemple, on monte un "marché des connaissances", technique inspirée par la pédagogie coopérative Freinet, les enfants "marchandent" en offrant ce qu'ils savent faire, par exemple : apprendre aux amis à compter jusqu'à 10 en japonais, à faire une roulade de capoeira, à jouer une note au violon... Il n'y a pas d'offres qui soient meilleures que d'autres, elles sont toutes bienvenues. Cela implique également de mettre en pratique le principe du non-jugement, autre ressource du kit et pilier de la pédagogie de Living School, inspirée, à son tour, de la Psychologie d'évolution. Transposée dans le champ éducatif, cette approche part de l'hypothèse que chaque individu dispose d'un potentiel infini en capacité de création, d'imagination, de prise de conscience, de repositionnement, de réorientation, de transformation. C'est le "trésor intérieur" dont nous parlait la maman interviewée cidessus, un terme qui a le mérite d'être immédiatement saisi par les enfants, même les plus jeunes.

Pour revenir au non-jugement, Living School le définit comme "l'absence de critique négative ou de condamnation envers les autres et envers soi-même. C'est partir du principe que chacun fait du mieux qu'il peut avec ce qu'il est, ce qu'il a et ce qu'il sait à un moment donné, nous explique le kit. C'est diriger son regard sur le potentiel des individus et leur permettre de se vivre dans ce plein potentiel et non dans les limitations et les manquements." Une grande importance est, de ce fait, donnée à l'expression verbale et au langage en général. Ainsi, on ne dira pas à l'enfant "Tu es nul en mathématiques", mais plutôt "Tu as de grosses difficultés en mathématiques", observation qui ne le condamne pas en le qualifiant négativement. L'enseignant, auquel il est demandé d'être un exemple pour l'enfant (d'où l'importance donnée par cette école à la formation), pourra entraîner les élèves à reformuler les jugements de valeur qu'ils entendent régulièrement pour les transformer en observations. Des phrases comme "T'es bête ou quoi ?" ou "Elle est toujours en retard", que l'on entend souvent, et pas seulement à l'école, pourront devenir "Est-ce que tu n'as pas compris ce que j'ai dit ?" ou bien "Cette semaine, elle est arrivée trois fois après la sonnerie".

Ce travail fonctionne un peu comme une sorte de "dépolluant" dans l'atmosphère de la classe et va dans la direction que la Psychologie d'évolution se propose : axer son regard sur ses propres ressources ainsi que sur celles des autres, un moyen infaillible pour dépasser les difficultés. Le kit élaboré à l'occasion de la Semaine planétaire pour un monde meilleur n'est qu'une occasion pour faire connaître, diffuser et démultiplier la pédagogie de Living School en dehors des murs de l'école, d'où l'importance de créer un événement de communication qui touche le grand public.

Il n'existait pas encore d'école où les enfants, depuis l'âge de la maternelle, s'expriment à partir de leurs réussites. Ce qui existait, c'étaient des méthodes diverses (comme celle de "l'auto-louange" que l'on a évoquée au début de ce livre) dont l'enseignant peut se servir à condition qu'il y soit formé. Dans le cas de Living School, c'est toute une approche psychologique et une philosophie du monde qui sont en action, opérant dans la direction de la transformation des êtres humains en personnes responsables et conscientes. C'est le pari de Caroline Sost, qui s'est donné comme objectif non seulement l'ouverture imminente d'un collège à Living School, mais aussi d'en démultiplier le modèle pédagogique partout dans le monde.

*Living School*
*6, rue Georges-Auric*
*75019 Paris*
*http://www.livingschool.fr*

Les trois exemples choisis dans ce chapitre ont le mérite d'être représentatifs de ce qui est en train de se passer dans un monde de l'éducation qui change, même en France. L'école du Colibri et Living School commencent à devenir des références incontournables pour ceux qui désirent se lancer dans la création de leur propre école. Des parents s'y rendent en visite, des enseignants y font des stages de formation. Les critiques que l'on entend à leur égard sont toujours les mêmes que l'on adresse aux écoles "alternatives" privées : trop chères, élitistes, basées sur une vision du monde irréaliste... Si on laisse de côté les considérations liées à la vision "utopique" que toutes ces écoles partagent, et dont il a été largement disserté dans ce livre, il n'est pas inopportun de s'arrêter ici sur la question brûlante de la discrimination sociale (involontairement engendrée par le coût des inscriptions dans la plupart des écoles alternatives) et d'ajouter quelques précisions à ce sujet sur les deux établissements qui ont été décrits. L'école du Colibri, comme on l'a vu, a fait le choix de garder les coûts le plus bas possible pour accueillir les enfants des villages voisins, sans qu'aucune exclusion de type économique ou social soit opérée. Elle a pu y arriver pendant les six ans de son existence et a l'objectif de continuer dans cette direction, malgré la disparition inattendue (en mai 2012) de son cofondateur et mécène, Michel Valentin. C'est aussi la raison pour laquelle sa directrice, Isabelle Peloux, se bat pour que l'Éducation nationale finance son poste d'enseignante : cette école a comme ambition de devenir une école publique, un peu sur le modèle des écoles alternatives publiques au Québec. Living School a également comme objectif de garder le lien avec l'Éducation nationale, car l'enseignement est conforme au programme ministériel, ce qui permettra à l'école de devenir bientôt un établissement "sous contrat", réduisant de ce fait les frais scolaires actuels. Comme pour l'école du Colibri, il est important pour Living School de garder le contact avec le système public, pour sortir aussi de l'élite des écoles privées, chères et inaccessibles. Pour ces pionniers, et en général pour tous les novateurs, les débuts sont souvent difficiles car il faut se battre contre un système, l'Éducation nationale, qui a été assez imperméable à tout changement jusqu'à il y a peu de temps. Cependant, des opportunités semblent se présenter (changement de gouvernement, pression de la société civile, etc.) qui vont dans la direction de l'ouverture, dont ces écoles "hors de l'ordinaire" pourraient tirer profit. C'est peut-être, comme l'espèrent beaucoup de parents qui sont sur les listes d'attente, seulement une question de temps...

Mais ces écoles ne sont pas les seules à agir pour le renouveau éducatif en France. Il y a environ une soixantaine d'écoles "différentes" aujourd'hui sur le territoire national, tous niveaux confondus, publiques et privées, qui ont fait (ou font encore) l'histoire de l'éducation alternative dans ce pays. Au sein de l'Éducation nationale, les plus connues sont le Lycée autogéré et l'école Vitruve à Paris, le collège de la Villeneuve de Grenoble, l'école des Bourseaux à Saint-Ouen-l'Aumône, l'Auto-École pour les décrocheurs à Meaux, le collège Clisthène à Bordeaux ou le Lycée expérimental de Saint-Nazaire... Beaucoup d'autres, surtout dans le préprimaire et le primaire, commencent à fleurir un peu partout. Outre ces écoles alternatives, d'autres expériences, tout aussi intéressantes, sont nées dernièrement, comme les Écoles de la deuxième chance ou les micro-lycées, qui appliquent parfois des pédagogies actives, centrées sur l'élève. Comme exemple d'école publique innovante, on peut citer celle de la rue Saint-Merri qui accueille, au centre de Paris, des enfants de la maternelle à la fin du cycle élémentaire. Sa particularité est le décloisonnement, concept pris au sens premier du terme car, dans des espaces sans cloisons séparatrices, les classes travaillent ensemble, en équipe et par niveaux, et les enfants mettent en commun leurs projets.

Dans le privé, on l'a vu, les écoles affiliées ou inspirées des mouvements Montessori, Freinet, Steiner, ou d'autres mouvements pédagogiques, commencent aussi à être nombreuses. En ce qui les concerne, une riche information est disponible aujourd'hui sur Internet. Et tout, ou presque, a été déjà dit à leur propos (y compris dans ce livre) lorsqu'elles sont citées dans la description de ces mouvements. Pour la majorité d'entre elles, il s'agit d'aller au-delà du clivage public/privé en faisant des propositions en faveur de l'Éducation, avec un grand É. Il ne s'agit plus de se construire en opposition à quelque chose qui ne marche plus et de se battre contre ce système. Il s'agit aujourd'hui de créer un partage, des échanges de pratiques entre tous ceux qui, dans le public ou dans le privé, désirent participer au changement en cours. C'est pourquoi des pistes d'actions communes sont à envisager.

# 5
# PISTES D'ACTION

*L'émotion est le moteur du changement, et la joie son essence.*

OLIVIER LOCKERT

Aujourd'hui, de moins en moins de distance nous sépare du fameux *turning point* annoncé par Fritjof Capra en 1982[1], le point de bascule de l'humanité vers un monde régi par des valeurs autres que la compétition et l'argent, tournées vers le service, le partage et le bien-être qui en dérive, assumés en tant qu'indicateurs d'un vrai développement humain. De plus en plus de signaux nous encouragent comme jamais auparavant à devenir non seulement acteurs de ce changement, mais auteurs responsables des conséquences qu'une telle joyeuse épidémie pourrait avoir sur l'humanité. Il va s'agir de trouver des synergies, de s'associer, se relier et agir avec d'autres parents, enseignants et acteurs locaux pour créer des initiatives éducatives nouvelles, en dehors ou à l'intérieur de l'Éducation nationale. Par exemple, si l'on fait le choix de rester dans le système et de le changer, il va être de plus en plus nécessaire de *connaître à fond ses propres droits* de citoyen à l'intérieur de l'école. De plus, pour inscrire ces actions dans la durabilité, il faudra commencer à penser en termes de *communauté éducative*. Cela équivaut concrètement à s'investir dans la création d'une collectivité composite, constituée de genres et de générations différents qui se côtoient, multiculturelle et multireligieuse, une communauté systémique et transdisciplinaire qui va soutenir la naissance de cette nouvelle école.

Voici donc quelques pistes, divisées par étapes. Elles sont à la disposition de tout le monde, que l'on soit parent, enseignant ou élève :

1. S'informer
2. Se relier et partager
3. Se former
4. Innover

1. Fritjof Capra, *The Turning Point : Science, Society, and the Rising Culture*, Simon and Schuster, Bantam paperback, 1982 ; traduction française : *Le Temps du changement : science, société et nouvelle culture*, Le Rocher, 1983.

**S'informer**

Dans le flux de surinformation qui nous envahit actuellement *via* tous les médias disponibles, Internet en tête, s'informer correctement (c'est-à-dire à propos et dans la direction ciblée par nos projets et nos intérêts personnels) est presque devenu une mission impossible. Cependant, s'informer est important parce que cela équivaut avant tout à connaître ses droits en termes d'exercice de la citoyenneté et de démocratie. Voici donc un "distillé" d'informations afin d'aider à s'orienter.

*Connaître ses droits*

Combien sont ceux qui, en France, savent qu'à l'école primaire les devoirs écrits ne sont pas obligatoires ? "Aucun devoir écrit, soit obligatoire, soit facultatif, ne sera demandé aux élèves hors de la classe", ordonne en 1956 la première circulaire à ce sujet. La dernière en date, de 1994, réaffirme ce principe : "Les élèves n'ont pas de devoirs écrits en dehors du temps scolaire." Les mêmes dispositions sont confirmées dans le document d'accompagnement des programmes de 2002 : "Dans les classes élémentaires, le travail scolaire à faire à la maison est limité : les devoirs écrits sont proscrits." Que dire de plus ? Malgré cela, des devoirs écrits continuent à être assignés aux élèves du primaire par près de 70 % des enseignants, qui s'obstinent à croire que leurs élèves sont encore réceptifs après huit heures de cours... Souvent, la demande vient des parents eux-mêmes, préoccupés qu'ils sont par la réussite à tout prix de leurs enfants. Au cas où vous n'appartiendriez pas à cette dernière catégorie, sachez que la possibilité existe, pour les parents ou pour les enseignants, de refuser de réitérer cette pratique anti-éducative qui semble devenue inéluctable. Pour agir en toute connaissance de cause, on peut suivre les conseils avisés de Bernard Collot, un instituteur militant (http://b.collot.pagesperso-orange.fr/b.collot/devoirs.htm).

Il est aussi possible de refuser les cartables trop lourds qui déforment le dos de nos enfants. Selon la circulaire n° 2008-002 du 11 janvier 2008, "Poids du cartable" (BO n° 3 du 17 janvier 2008), du ministère de l'Éducation nationale, et d'après des études ergonomiques, ce poids ne devrait pas excéder 10 % du poids de l'enfant (alors qu'il dépasse actuellement 20 %). Pour aider les jeunes collégiens à résoudre ce problème, qui le concernent en priorité, on peut se faire aider par la FCPE, la Fédération nationale des conseils de parents d'élèves (adresse ci-dessous), qui a fait de cette cause une campagne d'action.

*Les associations de parents d'élèves*

S'informer pour connaître ses propres droits de parents est l'objectif prioritaire des associations de parents d'élèves (APE). Nées en France après la Libération, les premières associations de parents réunissaient enseignants et parents des écoles primaires autour de deux objectifs : la défense de l'école laïque et l'épanouissement des élèves. Depuis, plusieurs associations ont vu le jour, d'orientations religieuses ou politiques différentes, pas toujours en ligne avec le concept fondateur d'épanouissement, chacune donnant à ce terme des représentations qui sont parfois à l'opposé de cet idéal. Comparées à celles d'autres pays (Grande-Bretagne, États-Unis), en France les APE continuent à occuper une place marginale dans le système éducatif, tandis qu'elles jouent un rôle fondamental dans la construction de la communauté éducative. Cela dit, elles sont porteuses de vraies réflexions, autour de vrais sujets, tels le changement ou l'innovation pédagogique. Voici les fédérations et unions des associations de parents d'élèves les plus importantes dans l'enseignement public :

- La FCPE, Fédération nationale des conseils de parents d'élèves : http://www.fcpe.asso.fr.
- La PEEP, Fédération des parents d'élèves de l'enseignement public : http://www.peep.asso.fr.
- L'UNAAPE, Union nationale des associations autonomes de parents d'élèves : http://www.unaape.asso.fr.
- La FNAPE, Fédération nationale des associations de parents d'élèves de l'enseignement public (27, rue du Faubourg-Poissonnière, 75009 Paris, tél. 0147707708).

Dans l'enseignement privé (orientation catholique) :

- L'UNAPEL, Union nationale des associations de parents d'élèves de l'enseignement libre : http://www.apel.fr.

Au niveau international :

- La FIEP, Fédération internationale pour l'éducation des parents : http://www.fiep-ifpe.fr.

Outre les associations de parents d'élèves, il existe d'autres réseaux de soutien aux parents :

- La FNEPE, Fédération nationale des écoles, des parents et des éducateurs, qui a pour but d'accueillir, d'informer et d'accompagner les familles. Elle réunit les Écoles des parents, associations présentes sur tout le territoire national, qui proposent également du conseil ou de la formation aux professionnels de l'éducation (questions pédagogiques ou remise en cause professionnelle) : http://www.ecoledesparents.org.
- Les REAAP, les Réseaux d'écoute, d'appui et d'accompagnement des parents, créés en 1999 au sein du ministère de la Solidarité et de la Cohésion sociale : http://www.solidarite.gouv.fr/.../reseaux-d-ecoute-d-appui-et-d, 6826.html.
- Au niveau du ministère de l'Éducation nationale, le site *Éduscol*, portail national des professionnels de l'enseignement, consacre à la relation école-parents des dossiers et des ressources variées : http://eduscol.education.fr/pid23372-cid46696/les-parents-et-l-ecole.html.

Dans d'autres pays que la France, au Québec en particulier, le partenariat entre les parents et l'école est pris très au sérieux, avec une collaboration active des parents à la communauté éducative. Les associations et les sites-ressources sont nombreux, à tel point qu'il s'avère impossible de les nommer tous ici. Un exemple parmi d'autres, à consulter pour s'en inspirer :

- Le site *Carrefour éducation* du ministère de l'Éducation, du loisir et du sport du Québec : http://carrefour-education.qc.ca, à la page "Quand parents et enseignants collaborent, enfants et jeunes s'en réjouissent !"

*L'école en famille*
Dans l'exercice de ses propres droits de citoyens, on peut aussi faire le choix de déscolariser ses enfants car, comme on l'a vu, en France, au contraire d'autres pays européens, *ce n'est pas l'école qui est obligatoire, mais l'instruction.* Si on veut donc prendre l'exemple de ces parents qui ont osé s'organiser en famille (voir le chapitre 1), on pourra s'adresser aux organisations suivantes :

- CNED, Centre national de l'enseignement à distance : http://www.cned.fr.
- LAIA, Libres d'apprendre et d'instruire autrement : http://laia.asso.free.fr.
- LEDA, Les Enfants d'abord : http://www.lesenfantsdabord.org.
- CISE, Choisir d'instruire son enfant : http://www.cise.fr.
- Le projet "École buissonnière" propose de l'aide aux parents qui désirent instruire leurs enfants à la maison selon la méthode Montessori : http://www.ecolebuissonniere.fr.

Incontournable, l'annuaire des associations, blogs, sites-ressources existants à ce sujet en France et à l'étranger :

- École à la maison-Unschooling : http://www.materner.com/annuaire/categorie51-1.htm.

*Créer sa propre école*
L'association Créer son école peut aider tous ceux parents ou enseignants qui désirent se lancer dans la création d'une école indépendante en France, hors contrat d'État. Soutenue par la Fondation pour l'école, l'association a également mis en place l'ILFM, l'Institut libre de formation des maîtres, qui prépare au métier de maître d'école primaire dans les écoles indépendantes. Le site de l'école contient un annuaire des écoles indépendantes :

- Créer son école : http://www.creer-son-ecole.com.
- Fondation pour l'école : http://www.fondationpourlecole.org.

À consulter également :

- Passerelle éco : http://www.passerelleco.info/article.php?id_article = 475.
- Ekopedia : http://fr.ekopedia.org/%C3 % 89cole_alternative.

■ Au féminin. com : http://www.aufeminin.com/enfant/ecoles-alternatives-d14898c222294.html.

**Comment créer une école alternative**

1. Déterminez précisément votre projet d'école, et notamment la pédagogie que vous souhaitez développer. Il vous faudra vous former à la pédagogie choisie et, pourquoi pas, visiter d'autres écoles et y faire des stages.
2. Faites une étude de marché et choisissez un lieu d'implantation où il y a une attente de la part des parents. Renseignez-vous sur les dispositions du maire ou du conseiller municipal chargé de l'éducation à l'égard des écoles indépendantes.
3. Formez un comité de soutien pour commencer le travail préliminaire dans les domaines de la finance, du droit, de la gestion, etc.
4. Choisissez la forme juridique de votre école. Il peut s'agir d'une association loi de 1901 ou d'une entreprise.
5. Faites la déclaration d'ouverture d'école. Celle-ci doit être faite au plus tard quatre mois avant l'ouverture de l'école. Il faut en informer le maire, le procureur de la République et le préfet. Dès réception du récépissé du maire, prévenez l'inspection académique du département. À défaut d'opposition, l'école est ouverte à l'expiration d'un délai d'un mois à compter du dépôt de la déclaration d'ouverture, sans aucune formalité.
6. Préparez un plan de développement qui définira précisément la manière dont va fonctionner votre école durant les cinq premières années : nombre de classes, cantine, directeur, nombre d'enseignants, matériels pédagogiques, etc. Ce plan vous permettra d'établir un budget précis.
7. Choisissez le personnel de votre école et, surtout, soyez attentif à ce qu'il soit sensible à la pédagogie que vous souhaitez mettre en place. N'hésitez pas à voir avec le personnel le fonctionnement interne.
8. Sollicitez des contributions en garantissant le financement initial de votre projet. Il peut s'agir de dons ou de prêts. Au besoin, lancez une campagne de collecte de fonds, de sorte que le développement de votre projet se fasse au même rythme que vos rentrées financières.

*Source : Le mouvement Colibris : http://www.colibris-lemouvement.org.*

*Les droits des enfants...*

La question des droits ne concerne pas que les adultes, mais aussi les enfants, y compris dans leur rôle d'élèves. Les droits des enfants sont pris en compte et défendus dans la Convention relative aux droits de l'enfant, un texte qui devrait être diffusé dans toutes les écoles de la planète. En France, outre le Comité local de l'Unicef et l'Unesco, le Cofrade Conseil français des associations pour les droits de l'enfant (http://cofrade.fr) réunit de nombreuses associations qui militent pour sa promotion. Des activités de formation et de sensibilisation sont proposées, comme la célébration de la Journée internationale des droits de l'enfant (le 20 novembre). Une liste très complète de ces organismes est disponible sur le site-ressource *Droits de l'enfant* :

- http://www.droitsenfant.com, qui dispose aussi d'un blog : http://actu-droitsenfant.over blog.com.
- Tout enfant qui invoque la protection de ses droits et désire faire entendre directement sa voix pourra interpeller le Défenseur des droits (http://defenseurdesdroits.fr), qui est là pour veiller à la protection des droits et des libertés de tous les citoyens, y compris les enfants (loi organique n° 2011-333 et loi ordinaire n° 2011-334 du 29 mars 2011). Son adjoint, le Défenseur des enfants, l'aide pour cette question spécifique. On peut lui écrire directement :
- par courrier postal : Mission Défense des droits de l'enfant, 104, boulevard Auguste-Blanqui, 75013 Paris.
- par Internet : http://www.defenseurdesenfants.fr/equipe.php#cartefr.

*... et des enseignants*

Connaître ses propres droits concerne les enseignants d'une manière très complexe. Il ne serait pas approprié, à l'intérieur de ce livre, de débattre de ce problème du point de vue des droits du travail de cette catégorie, les syndicats enseignants existant à ce propos. Cependant, des associations diverses existent en France, qui soutiennent les enseignants dans leur difficile métier, telle :

- La Maison des enseignants et de l'éducation tout au long de la vie, une association formée par des enseignants et des personnels de l'éducation de toutes les générations, du primaire, des collèges et des lycées de l'enseignement général, technologique ou professionnel. Ses objectifs sont l'entraide, la mutualisation des pratiques, l'échange de services et de réflexions, en concentrant en un seul lieu toute l'information professionnelle actualisée : http://www.lamaisondesenseignants.com.

Au niveau international, en dehors des organisations des Nations unies qui ont placé la question des droits des enseignants au cœur de leurs programmes (Unesco, Unicef, IIEP, etc.), voici des adresses utiles :

- L'IE, l'Internationale de l'éducation, qui, en tête de ses objectifs, place la promotion des intérêts des organisations d'enseignants et de travailleurs de l'éducation, ainsi que la promotion de la paix et de l'égalité par le développement de l'éducation : http://www.ei-ie.org. L'Institut de recherche de l'IE est une fondation de droit belge, créée en 2007 : http://old.ei-ie.org/research/fr.
- L'OIDEL, Organisation internationale pour le droit à l'éducation et la liberté d'enseignement, qui a pour but de promouvoir les droits à l'éducation, par exemple en informant l'opinion publique des progrès et des violations du droit à l'éducation et de la liberté d'enseignement : http://www.oidel.org.

*L'éducation alternative*

Il sera question ici de tous les droits qui concernent plus spécifiquement la liberté dans le choix des méthodes d'enseignement. Lorsque j'ai recueilli le témoignage de Philippe, la question de la liberté pédagogique, souvent exercée "en cachette" par des enseignants une fois la porte de la classe fermée, s'est posée. "En cette période où l'obscurantisme et le conservatisme dominent l'actualité pédagogique, écrivait en 2008 Pierre Frackowiak, où résister est un devoir pour les démocrates progressistes, la liberté pédagogique, la vraie, doit être utilisée comme un droit. Elle ne peut guère l'être efficacement dans la solitude. Elle a besoin, plus que jamais, des mouvements pédagogiques auxquels il est temps d'apporter du soutien et un nouveau souffle." À tous les enseignants qui recherchent ce "nouveau souffle", je conseille d'abord de s'informer sur ce qui se passe dans le monde à ce sujet. Car cette même quête est au cœur des préoccupations dans les systèmes scolaires publics d'autres pays, qui font de l'épanouissement leur raison d'être :

- "Écoles du monde" est un projet d'étude international, source d'informations précieuses pour ceux qui veulent s'inspirer du meilleur des autres systèmes. Cette initiative "a pour vocation de faire un état des lieux des différents systèmes éducatifs publics à travers le monde et de leur implication dans l'épanouissement de l'enfant, la capacité à se réaliser et la valorisation des potentiels" : http://www.ecolesdumonde.com.
- *Learning World*, de la chaîne télé Euronews, est une série d'articles et de reportages sur l'actualité internationale en matière d'éducation, proposée par WISE, le World Innovation Summit for Education : http://fr.euronews.com/programmes/learning-world.
- "Schools that Work" est une page sur les écoles publiques "qui marchent", au sein du site (en anglais) *Edutopia* (Fondation Georges-Lucas) : http://www.edutopia.org.
- "La déséducation/la rééducation" est, comme la définit son jeune fondateur Mathieu Côté-Desjardins, un "projet de société" et une référence pour tous ceux qui désirent s'informer sur les questions brûlantes relatives à l'éducation, par des documentaires vidéo filmés au Québec : http://ladeseducation.ca.
- *Educación prohibida* est un projet et un site Internet initiés par de jeunes Argentins qui utilisent le support vidéo pour promouvoir des idées libertaires en éducation. "L'école non, l'éducation oui" est leur devise : http://www.educacionprohibida.org.ar.

En France, si l'on désire rechercher et s'informer sur une autre approche de l'éducation, on peut se tourner vers les organisations suivantes :

- Le CREA-Apprendre la vie, Cercle de réflexion pour une "éducation" authentique, "travaille à rendre plus conscient des effets néfastes et indésirés de toute éducation-formation et à les atténuer", comme l'explique son fondateur, Jean-Pierre Lepri : http://www.education-authentique.org.

■ *Grandir en humanité* est un site qui propose une sélection de ressources et d'outils pour les éducateurs et les chercheurs en sciences de l'éducation : http://www.grandirenhumanite.fr.
■ Le site *Écoles différentes* (ainsi que le guide sur papier du même titre) constitue une véritable mine d'informations et de ressources, non seulement sur les établissements en dehors de l'Éducation nationale, mais aussi sur beaucoup d'autres projets alternatifs : http://ecolesdifferentes.free.fr/annuaire.htm.

Outre le livre de Marie-Laure Viaud, *Montessori, Freinet, Steiner... une école différente pour mon enfant ?* (Nathan, 2008), cité à plusieurs reprises dans ce livre, on pourra consulter également :
■ Sophie Chavenas, *Guide des écoles pas comme les autres*, Horay, 2005.
■ Catherine Piraud-Rouet, *Écoles différentes : des pédagogies pour grandir et apprendre autrement*, Fabert, 2010.
■ Catherine Sanson-Stern, *Échec scolaire : des solutions pour se réconcilier avec l'école*, Fabert, 2011.

On trouvera dans ces titres, en même temps que d'autres pédagogies, des informations détaillées sur les mouvements alternatifs "classiques" ci-dessous :
■ Pédagogie Montessori :
■ Association Montessori International : http://www.montessori-ami.org.
■ Montessori France : http://www.montessori-france.asso.fr.
 ♦ Pédagogie Freinet : http://www.icem-pedagogie-freinet.org.
 ♦ Pédagogie Steiner : http://www.steiner-waldorf.org.

Si l'on reste dans le sillon de l'Éducation nationale, outre le site *Éduscol*, précédemment cité, on peut consulter les adresses suivantes :
■ Le site associatif *Le Café pédagogique*, qui constitue une riche source d'information sur toute l'actualité pédagogique sur Internet : http://www.cafe-pedagogique.net.
■ La FESPI, Fédération des écoles publiques innovantes, qui a pour objet de défendre, développer et promouvoir les établissements scolaires du secondaire

publics et innovants (tels le CLE, Collège-Lycée expérimental d'Hérouville-Saint-Clair, le CLEPT à Grenoble, le collège Anne-Frank au Mans, le Collège pionnier de la Maronne, les micro-lycées, le PIL-Pôle innovant lycéen, et le LP2I, Lycée pilote innovant international) : http://www.fespi.fr.

- Enfin, l'Annuaire des écoles du système éducatif public, qui contient également des noms d'écoles alternatives : http://www.educanuair.info.

### Se relier et partager

Lorsque, enseignant, on décide de se lancer dans des initiatives alternatives, le fait de rester à l'intérieur du système de l'Éducation nationale peut rendre presque "schizophrénique". D'un côté, des règlements et des contraintes disciplinaires qui frôlent l'absurdité ; de l'autre, le besoin, accompagné par la certitude que d'autres écoles sont possibles... Démissionner ? Prendre du recul, par un congé, une année sabbatique ? Avant d'arriver à des solutions de ce type, il faut savoir qu'il existe aujourd'hui, en France et dans le monde entier, des réseaux citoyens qui militent pour un changement social dans tous les domaines, y compris celui de l'éducation. Voici une liste d'associations, d'initiatives sociales, de manifestes et de chartes politiques qui peuvent offrir un appui à tous ceux qui décident de ne plus agir seuls, mais ensemble pour changer l'école.

À l'international, en plus des réseaux EUDEC, AERO et IDEA, cités au chapitre 1, on rappellera :

- Le Phoenix Education Trust, qui promeut l'Éducation démocratique, à l'instar des réseaux AERO ET EUDEC : http://www.phoenixeducation.co.uk.
- L'IDEN, International Democratic Education Network, un réseau d'écoles, de collèges, d'organisations et d'individus qui partagent les idéaux de l'Éducation démocratique : http://www.idenetwork.org.
- Le RÉSEAU, Réseau du système des écoles associées de l'Unesco, qui compte plus de 9 000 institutions éducatives dans 180 pays, qui travaillent sur les questions de l'écologie, de la paix ou de la santé : http://www.unesco.org/new/fr/education/networks/global-networks/aspnet.

■ EMANE, l'Union mondiale pour une éducation nouvelle, qui a pour objectif de rechercher, partager et agir ensemble pour diffuser toute l'information possible sur la nouvelle éducation et les enfants d'aujourd'hui : http://www.emane.info.

■ L'École hors les murs/School Beyond the Walls, qui vise à promouvoir l'usage des réseaux sociaux dans l'éducation, à développer des projets éducatifs internationaux, à rendre créatifs et innovants les acteurs de l'éducation (enseignants, parents, autres éducateurs, enfants) : http://horslesmurs.ning.com.

■ Et, enfin, le REPAQ, Réseau des écoles alternatives au Québec, déjà cité : http://repaq.qc.ca.

En France :

■ La Ligue de l'enseignement, qui milite pour la défense d'un service public laïque, est l'une des principales associations complémentaires de l'enseignement public en France. Elle intervient sur le temps scolaire et sur l'ensemble des temps de vie des enfants et des jeunes, dans le respect des rythmes de chacun : http://www.laligue.org.

■ RECIT, le Réseau des écoles citoyennes, a pour objet de mettre en réseau les initiatives et les organisations qui visent à faire progresser l'éducation de citoyens acteurs de leur propre vie, afin de promouvoir une éducation émancipatrice : http://www.recit.net.

■ Le REN, Réseau école et nature, est un "réseau des réseaux" qui met en relation un grand nombre d'acteurs de l'Éducation à l'environnement (EEDD), afin de mieux travailler ensemble dans le sens d'un développement durable. Il est aussi un espace d'innovation pédagogique pour créer des ressources : http://reseauecoleetnature.org.

■ L'AFEV, Association de la fondation étudiante pour la ville, a pour but la mobilisation d'étudiants bénévoles dans des actions de solidarité, notamment dans les quartiers en difficulté : http://www.afev.fr.

■ L'OCCE, Office central de la coopération à l'école, est un mouvement pédagogique national, de statut associatif, qui développe, au sein des écoles et des établissements de l'Éducation nationale, les valeurs de la coopération : http://www.occe.coop.

En ce qui concerne les réseaux éducatifs internationaux, le site de l'ESEN (École supérieure de l'Éducation nationale) contient une liste exhaustive d'adresses : http://www.esen.education.fr/fr/ressources-par-theme/evolution-des-systemes-educatifs-francais-et-etrangers/systemes-educatifs-etrangers.

Voici d'autres réseaux citoyens en France qui, tout en étant plus généralistes, placent la question éducative au cœur de leurs actions :

- Le Mouvement Colibris, dont la mission est d'inspirer, relier et soutenir ceux qui souhaitent participer à une transformation écologique et humaine de la société. Colibris accompagne des initiatives dans tous les domaines du social, y compris dans l'éducation, avec, par exemple, le projet "Printemps de l'éducation" (voir l'encadré p. xxx) : http://www.colibris-lemouvement.org.
- Le Pacte civique, qui aide à rendre visibles les initiatives en cours et à les fédérer autour d'engagements, à la fois individuels et collectifs, pour la démocratie, la solidarité et la sobriété. Un des objectifs du Pacte civique dans le domaine de l'éducation est la mise en place d'indicateurs du bien-vivre et du bien-être à l'école : http://www.pacte-civique.org.
- Le Club de Budapest : http://clubdebudapest.org, avec son Université intégrale : http://www.universite-integrale.org.
- Les Créatifs culturels : http://demainmaintenant.ning.com.
- Les Cafés citoyens : http://www.cafes-citoyens.fr.
- Les Dialogues en humanité, réseau international et initiative annuelle dont le fil rouge est la rencontre, le dialogue, le ressenti et le "faire ensemble" : http://dialoguesenhumanite.org.

... Et tant d'autres, cités aussi dans le livre de Christophe Chenebault *Impliquez-vous !* (Eyrolles, 2011) ainsi que dans le site du même nom : http://www.impliquez-vous.com.

*Les chartes et les appels*

Plusieurs organisations, comme ATD Quart-Monde ou l'AFEV, ont lancé des chartes, des manifestes et des "pactes éducatifs" afin de sensibiliser l'opinion publique à ce changement. Voici une sélection des plus connus :

- L'Appel de Bobigny, qui est le fruit d'un travail collectif réunissant la plupart des mouvements d'éducation populaire et pédagogiques, comme la Ligue de l'enseignement, le Réseau français des villes éducatrices, la FCPE et les Francas. Il a pour objectif d'approcher l'éducation comme un projet global de société et non pas de la réduire à une dimension purement scolaire : http://www.villeseducatrices.fr.
- Le Pacte éducatif, pour une société éducatrice décentralisée : http://www.pacte-educatif.org.
- La "Lettre ouverte" du collectif École changer de cap, qui fait l'objet d'une publication coordonnée par Armen Tarpinian, *Donner toute sa chance à l'école. Treize transformations nécessaires et possibles*, Chronique sociale, 2011. École changer de cap est aussi un site d'intelligence collective au service des acteurs éducatifs : http://www.ecolechangerdecap.net.
- Le Manifeste contre le dépouillement de l'école, réalisé à l'initiative d'un collectif d'enseignants de l'Éducation nationale pour dénoncer l'abandon par l'État de sa mission de service public : http://www.ecole-depouillee.net.

Bien qu'ils ne concernent pas uniquement l'éducation, mais tous les domaines du social, on citera ici :

- Le Manifeste de l'Appel des appels, collectif de professionnels du soin, du travail social, de la justice, de l'éducation, de la recherche, de l'information et de la culture, qui milite pour la reconstitution du lien social et l'instauration d'une politique des métiers : http://www.appeldesappels.org.
- La Charte de l'Europe des consciences, élaborée dans le cadre de l'Institut Gandhi par l'équipe de l'association Terre du ciel, qui considère la question éducative comme fondamentale : http://www.terre-du-ciel.fr.
- La Charte du monde libre, "une déclaration de principes ayant le potentiel d'optimiser les conditions de vie sur Terre pour toutes les espèces, d'éradiquer

la pauvreté et l'avidité et de favoriser le progrès" : http://www.freeworldcharter.org.

À l'international :

■ Le Manifeste, lettre ouverte d'Éducation 3000, initié par le projet "Pedagooogia 3000" et rédigé par des mères, des pères, des jeunes et des éducateurs de divers pays pour impulser une nouvelle forme d'éducation et élever la conscience sur la planète Terre : http://www.pedagooogia3000.

*Les rencontres internationales*

Mis à part les rencontres organisées régulièrement par les organisations et fédérations des pédagogies différentes (Montessori, Éducation nouvelle, Éducation démocratique, etc.), des rendez-vous internationaux sont devenus incontournables pour tous ceux qui veulent être au courant des nouveautés en termes de recherches et de pratiques pédagogiques, ainsi que de politiques éducatives innovantes. Outre les événements cités dans le site de l'Unesco (http://www.unesco.org/new/fr/education/events/calendar-of-events/education-events) et d'autres rencontres citées plus bas au sujet de l'innovation, on mentionnera :

■ La CIE, Conférence internationale de l'éducation, organisée régulièrement par le BIE, le Bureau international de l'éducation (de l'Unesco), forum pour le dialogue entre les ministres de l'Éducation et d'autres partenaires : chercheurs, praticiens, représentants des organisations non gouvernementales et intergouvernementales : http://www.ibe.unesco.org.

■ Les Rencontres internationales de l'éducation citoyenne, organisées par le réseau RECIT, déjà cité : http://www.recit.net.

## Se former

En France, en 2009, la suppression de l'année de stage au sein des IUFM a sonné la fin de la formation spécifique des enseignants. En réponse à ce problème, parmi d'autres dossiers urgents, le gouvernement Hollande a mis en place une Concertation sur la refondation de l'école de la République, lancée le 5 juillet 2012. La formation des enseignants est au centre de ce débat, avec la création des Écoles supérieures du professorat et de l'éducation (ESPE), qui doivent proposer des formations aux métiers de l'éducation.

■ Pour suivre l'évolution de cette question, au cœur de la politique éducative, consulter le site de la CDIUFM, la Conférence des IUFM, qui réunit 32 instituts en France : http://www.cdiufm.fr.

■ En ce qui concerne la *formation tout au long de la vie*, les formations proposées aux enseignants par la Direction générale de l'enseignement scolaire (DGESCO) se concentrent d'abord sur l'acquisition des compétences du socle commun et sur l'enseignement des disciplines scolaires. On remarquera l'absence, dans leur programme, de questions comme le bien-être ou la transmission des valeurs à l'école, qui sont réservées aux établissements ECLAIR (les Écoles, collèges et lycées pour l'ambition, l'innovation et la réussite), et donc pas accessibles à tous. Le tableau des formations est public et accessible sur le site http://media.eduscol.education.fr.

■ L'ESEN, École supérieure de l'Éducation nationale, de l'enseignement supérieur et de la recherche, est chargée de la formation des personnels d'encadrement pédagogiques et administratifs, et d'autres personnels de l'Éducation nationale. Elle concourt à des actions de réflexion et d'échanges sur le système français d'enseignement et de formation : http://www.esen.education.fr.

■ Aide aux profs est une association dédiée à l'information, au conseil et à l'accompagnement des professeurs : http://www.aideauxprofs.org.

■ Pour pallier le manque de formation des professeurs débutants, Ostiane Mathon, enseignante et tutrice dans le cadre du dispositif 2010 de la formation des enseignants, a écrit le livre *Réussir sa première classe* (ESF, 2012) : c'est un outil essentiel de soutien et de perfectionnement au quotidien pour les enseignants, où vous pourrez trouver une liste exhaustive de publications et de sites spécialisés dans la formation. Elle est également à l'initiative du blog *Bleu primaire*, un site de réflexion pédagogique, contenant, entre autres, "Réussir sa première classe", une rubrique d'autoformation : http://lewebpedagogique.com.

Pour se former aux pédagogies différentes de celles qui sont proposées par l'Éducation nationale, il est nécessaire de s'adresser aux instituts de formation liés à chaque mouvement pédagogique, dont on a déjà nommé les principaux (voir la section "S'informer"). On ajoutera à cette liste des institutions qui proposent des formations (parfois réalisées aussi sous l'égide de l'Éducation nationale) :

■ Le GFEN, Groupe français d'éducation nouvelle, mouvement de recherche et de formation en éducation, agréé par les ministères de l'Éducation nationale et de la Jeunesse et de la Vie associative : http://www.gfen.asso.fr.

■ L'OCCE, Office central de la coopération à l'école, déjà cité : http://www.occe.coop.

■ L'ICEM, Institut coopératif de l'école moderne, qui regroupe les enseignants qui pratiquent la pédagogie Freinet et la Pédagogie institutionnelle : http://www.icem-pedagogie-freinet.org.

■ La FIMEM, Fédération internationale des mouvements de l'école moderne, association de mouvements qui se réclament de la pédagogie populaire et de l'éducation coopérative : http://www.fimem-freinet.org.

D'autres formations alternatives existent qui sont désormais à la portée des enseignants et parents qui ont la volonté et/ou les moyens de se lancer. On trouvera un éventail assez complet de ces méthodes et techniques de formation dans le livre-ressource de Karine Mazevet, *L'Éducation, une stratégie pour ré-enchanter la vie* (Le Souffle d'or, 2011), qui est une adaptation française du livre de Noémi Paymal, *Pedagoogia 3000* (en espagnol). Ce livre se présente comme un riche recueil d'études scientifiques, d'observations directes, de témoignages et de propositions concrètes, fruit de nombreuses années de recherches pluridisciplinaires dans plus de quinze pays. Il est en lien avec le projet "Éduka", qui propose des formations et rencontres.

■ La Maison Éduka est un lieu-pilote au service avant tout de l'éducation, des enfants d'aujourd'hui, des adultes éducateurs d'aujourd'hui. Par exemple, les enfants et les jeunes y sont invités à cheminer à travers des ateliers : danse, relaxation, création de mandalas, expression corporelle, arts martiaux internes, arts plastiques, contes et philosophie vivante, sons, voix, harmonie, nature et Vivant, etc. Aux adultes, en charge ou non d'éducation, la maison Éduka propose des ateliers de sensibilisation, des formations, des conférences et séminaires sur les nouveaux paradigmes en matière d'éducation, et des échanges d'expériences et d'informations : http://eduka-3000.blogspot.fr.

Sur la même longueur d'onde, deux autres associations se proposent comme lieux de ressources et de formation :

- Graine d'école, qui organise en France des stages, formations et conférences où il est proposé aux enseignants et parents "d'accompagner l'enfant d'aujourd'hui pour qu'il devienne l'adulte épanoui et responsable de demain" : http://www.grainedecole.com.
- Salangane, une association basée sur l'île de la Réunion, qui a pour objectif la création d'un lieu d'accueil et de ressources pédagogiques s'adressant aux enfants, mais aussi aux parents et enseignants/intervenants en milieu scolaire. Elle propose des formations et des séminaires intergénérationnels basés sur une vision innovante de l'éducation, pour l'émergence d'une philosophie éducative fondée sur l'écoute et la bienveillance : http://www.net1901.org/association/SALANGANE-PEDAGOGIE-FONNKER, 963106.html.

Les méthodes qui privilégient le corps et son intelligence sont innombrables, souvent issues du domaine du développement personnel, puis adaptées au milieu pédagogique et à l'école. Voici une sélection, parmi les plus efficaces et innovantes (dont certaines sont aussi indiquées dans le livre d'Éduka) :

- L'éducation biocentrique : fondé sur la Biodanza, le mouvement de l'éducation biocentrique a comme méthode centrale l'éveil de la joie de vivre : http://www.education-biocentrique.com.
- "L'éveil de la conscience par le corps" est un programme utilisé dans les écoles d'Auroville, pour les enfants aussi bien que pour les adultes. Il propose une grande variété d'exercices, d'outils et d'approches innovatrices dans le domaine de l'expansion de la conscience : http://eveildelaconscienceparlecorps.wordpress.com.

■ Le Yoga à l'école, avec le RYE, Recherches sur le yoga dans l'éducation : http://www.rye-france.fr.

■ Pour en savoir plus, consulter *École et relaxation*, le magazine en ligne du bien-être à l'école : http://www.ecole-et-relaxation.com.

Se former à une approche d'éducation intégrale, alliant dans une seule et même formation les aspects cognitifs et ceux qui sont liés au développement de l'intuition, du corps et de l'esprit, est possible si on se déplace... En Californie, le CIIS, California Institute for Integral Studies, offre des cours et formations universitaires, ainsi que des stages et des occasions de rencontres internationales : http://www.ciis.edu.

L'éducation par le jeu ne se pratique pas uniquement dans les écoles maternelles ou primaires. Au contraire, l'approche ludique est aussi un moteur d'apprentissage pour les élèves plus âgés et pour les adultes, y compris les enseignants. On peut donc se former, par exemple, aux jeux coopératifs, comme le proposent les sites suivants :

■ L'association Graines de paix propose aussi un catalogue en ligne : http://www.graines-de-paix.org.

■ L'Unesco également, dans son site d'éducation à la non-violence, propose un recueil de jeux : http://portal.unesco.org/education/fr/ev.php-URL _ID = 2448 & URL _DO = DO _TOPIC & URL _SECTION = 201.html

Éveiller la créativité, stimuler le sens artistique, celui des adultes aussi bien que celui des enfants, sont des étapes pour éduquer à la joie et au bien-être. Il y a en France des milliers de formations possibles dans le domaine de la créativité artistique, que les enseignants et les parents connaissent bien. On n'en citera ici que deux exemples, très novateurs dans leur démarche :

■ Le projet CREA, qui propose des formations et stages de créativité : http://www.crea-france.fr.

■ L'approche d'Arno Stern, internationalement connu pour son travail sur “l'éducation créatrice par la peinture”, à laquelle il forme des éducateurs du monde entier : http://www.arnostern.com (voir aussi, d'Arno Stern, le livre *Le Jeu de peindre*, Actes Sud, 2011).

D'autres méthodes, issues du domaine du développement personnel ou du champ thérapeutique, ont été adaptées à la pédagogie et ont connu un succès discret auprès des enseignants et des élèves, depuis un bon nombre d'années. Par exemple, la pédagogie systémique (http://www.pscam.ch), qui s'appuie sur la dynamique des "constellations familiales" de Bert Hellinger ; mais aussi la PNL, la Programmation neuro-linguistique, à laquelle ont recours de plus en plus d'enseignants afin d'"apprendre à apprendre" aux élèves, selon les différents types d'intelligence (http://www.pnl.fr). Pour en savoir plus, on renverra au livre de Karine Mazevet cité plus haut, qui contient des descriptions exhaustives d'un grand nombre de formations, auxquelles on ajoutera :

- La méthode ESPERE (Énergie spécifique pour une écologie relationnelle essentielle), une approche pédagogique fondée sur l'œuvre du psychosociologue et écrivain Jacques Salomé : http://www.institut-espere.com.
- La Suggestopédie, méthode d'apprentissage qui utilise l'influence favorable de certaines situations psychologiques sur le développement de la mémoire : http://www.suggestopedie.com.
- La Méthode éducative 3C (concentration-calme-contrôle), de Michèle Dreidemy, une pratique psychocorporelle basée sur le respect, la tolérance et la bienveillance, qui vise à développer les capacités d'attention et la concentration de l'enfant et à lutter contre l'agressivité et la violence à l'école : http://www.methode3c.com.
- La Grammaire des émotions, une formation développée par Isabelle Filliozat dans son École des intelligences relationnelle et émotionnelle. Elle propose d'apprendre à exprimer les désaccords sans agressivité, à réagir face à la colère, à se libérer des automatismes anciens en devenant plus efficace dans l'expression de soi comme dans l'écoute de l'autre : http://www.filliozat.net.
- L'Approche neurocognitive et comportementale (ANC), qui propose une méthode innovante de compréhension et de gestion des comportements humains, par des formations adaptées aussi aux éducateurs, enseignants et étudiants : www.neurocognitivisme.fr.

De nombreux organismes offrent des formations d'éducation à la paix, à la non-violence, à la prévention et à la résolution des conflits à l'école. La revue *Non-violence actualité* constitue une référence incontournable pour tous ceux qui désirent s'informer, mais surtout se former à des méthodes qui favorisent le bien-vivre ensemble : http://www.nonviolence-actualite.org. Outre les adresses indiquées dans ce site, on citera les méthodes suivantes, qui ont donné des résultats extrêmement positifs dans les écoles du monde entier :

- La médiation, dont une méthode est proposée par le CMFM, le Centre de médiation et de formation à la médiation, fondé par Jacqueline Morineau : http://www.cmfm.fr.
- La médiation par les pairs, "une médiation par les jeunes, pour les jeunes, avec les jeunes et entre les jeunes", de l'association Génération médiateurs : http://www.gemediat.org.
- La CNV, communication non-violente, une méthode initiée par Marshall Rosenberg, adoptée par les enseignants et les parents du monde entier : http://nvc-europe.org.
- "L'Art de vivre en paix", séminaire de base de "L'Art de vivre la vie" de Pierre Weil, proposé par UNIPAZ France : http://www.unipazfrance.org.
- Le programme "Éducation à la paix", proposé par l'association Initiatives et changements : http://www.fr.iofc.org.

Pour suivre les initiatives et les formations proposées par les associations et institutions engagées dans l'éducation à la paix en France, la Coordination pour l'éducation à la non-violence et à la paix, issue du plan d'action de la Décennie internationale de la promotion d'une culture de la non-violence et de la paix au profit des enfants du monde (2001-2010), est une référence indispensable : http://www.decennie.org.

Pour terminer cet aperçu, on conclura sur une note légère, celle du bonheur et de la joie en éducation. Si des organismes de toute sorte offrent des formations au bonheur fondées notamment sur le développement personnel ou l'exercice de la méditation, ceux qui associent l'éducation (et l'école) à une nouvelle vision de l'existence, celle de la joie de vivre et du bonheur, sont encore très peu nombreux. Cependant, des exemples existent, tels que :

■ L'accompagnement proposé par Denis Marquet, philosophe, thérapeute et coach parental, qui offre aux parents des outils précieux "afin de voir et d'entendre vraiment, à chaque étape de son développement, l'être unique qu'est leur enfant, seul expert qualifié concernant sa propre éducation". Denis Marquet a écrit un livre à ce sujet, *Nos enfants sont des merveilles : les clés du bonheur d'éduquer* (Nil, 2012), et a ouvert un site du même nom : http://www.nosenfantssontdesmerveilles.com.

■ La méthode JOÏA de Bruno Giuliani, philosophe, danseur, écrivain et éducateur, un outil qu'il définit comme "un art du bonheur, une pédagogie de la sagesse par l'activation de la joie" : http://www.brunogiuliani.com.

■ La formation "Éduquer à la joie", développée par l'auteur de ce livre (voir l'encadré ci-dessous).

■ Parmi les blogs et sites Internet :

■ *Joyeuse éducation*, blog (et association) qui offre des témoignages, des idées et des informations au sujet de toutes les nouvelles pratiques et pédagogies qui opèrent pour la joie d'apprendre et d'enseigner : http://education-joyeuse.blogspot.fr.

■ *Heureux à l'école !*, le blog d'Anne Leguy, journaliste et auteur du livre qui porte le même titre (L'Étudiant, 2005) : http://www.heureuxalecole.com.

**Éduquer à la joie**

*Éduquer aujourd'hui n'est pas synonyme de bien-être, ni pour les élèves ni pour les enseignants, encore moins pour les parents.*
*Et si nous commencions* NOUS-MÊMES *à inverser cette tendance ?*
*Et si on faisait du bonheur et de la joie de vivre les véritables buts de l'éducation, et donc de l'existence ?*

L'Éducation à la joie invite enseignants, parents et élèves à une vision éducative différente : apprendre et vivre avec et par la joie est possible, comme le démontrent plusieurs écoles et méthodes éducatives dans le monde. Par un parcours transdisciplinaire, cette formation propose des moments de partage de connaissances, des exemples de pédagogies venant d'ailleurs et des exercices pratiques à réutiliser à l'école, à la maison, avec les jeunes et dans toute autre situation.

*Contenu de la formation*

- L'importance de la joie et du bien-être dans le processus d'apprentissage.
- De la joie-émotion à la Joie-état : un parcours éducatif transdisciplinaire.
- Les moyens à disposition dans ce processus (connaissance, compréhension, écoute empathique, intuition) : comment et quand les utiliser ?
- Les quatre étapes de l'éducation à la Joie : reconnaître, résonner, révéler, réveiller/éveiller.
- La posture de l'enseignant : passer de celui qui sait tout à celui "qui sait qu'il ne sait pas".
- La Joie intégrale.

Contact : http://www.educationalajoie.com.

**Innover**

Innover à l'école de la République est un long parcours, mais qui commence à devenir possible. La loi d'orientation et de programme pour l'avenir de l'école, du 23 avril 2005, prévoit dans son article 34 (codifié à l'article L. 401-1 du Code de l'éducation) le droit à expérimenter dans cinq domaines principaux :

- L'enseignement des disciplines ;
- L'interdisciplinarité ;
- L'organisation pédagogique de la classe, de l'école ou de l'établissement ;
- La coopération avec les partenaires du système éducatif ;
- Les échanges ou le jumelage avec des établissements étrangers d'enseignement scolaire.

La loi permet donc aux écoles de mettre en place des expérimentations pédagogiques qui seront présentées au conseil d'école ou au conseil d'administration, puis examinées par le CARDIE, le conseiller académique recherche-développement, innovation et expérimentation. Un suivi régulier et une évaluation seront mis en place. En principe, selon l'article 34, il n'est pas possible de déroger au contenu des programmes, qui ont un caractère national. Cependant, en pratique, la loi autorise des modulations dans les grilles horaires des enseignements et dans l'organisation pédagogique de la classe (donc l'expérimentation ne se limite pas au champ de l'article 34). À lire, le vade-mecum de l'Éducation nationale, *Innover pour une école des réussites* : http://eduscol.education.fr/cid58582/un-quatrieme-vade-mecum.html.

Pour beaucoup d'enseignants et de chercheurs, "innover" rime notamment avec l'introduction et l'utilisation à l'école des TICE, les nouvelles technologies de l'information et de la communication pour l'enseignement. Cela dit, l'innovation ne se limite pas au domaine technique, pourtant capital dans la vie de l'école moderne, mais concerne tout un champ de recherche beaucoup plus riche et plus vaste, en France et à l'étranger. Les rencontres de l'innovation (voir plus bas) organisées par l'Éducation nationale en témoignent, ainsi que de nombreuses initiatives qui concernent le domaine de l'expérimentation, mises sur pied par des centres de recherche divers, dont :

- RESPIRE, le Réseau social des professionnels de l'éducation consacré à l'innovation, du ministère de l'Éducation nationale : http://respire.eduscol.education.fr.
- Le CRAP, qui publie les *Cahiers pédagogiques* : http://www.cahiers-pedagogiques.com.
- Le CIEP, Centre international d'études pédagogiques (avec la *Revue internationale d'éducation de Sèvres*) : http://www.ciep.fr.
- L'INRP, Institut national de recherches pédagogiques : http://www.inrp.fr.
- L'IFE, Institut français de l'éducation : http://ife.ens-lyon.fr.
- Le CIRPP, Centre d'innovation et de recherche en pédagogie de la Chambre de commerce de Paris : http://cirpp.preau.ccip.fr.

- Éducation & Devenir, une association qui se bat pour l'évolution permanente du système éducatif, y compris l'innovation pédagogique : http://www.educationetdevenir.fr.
- Sans oublier la FESPI, la Fédération des écoles publiques innovantes, déjà citée dans la section "S'informer".

À l'étranger, on citera :

- En Finlande : le projet "InnoSchool" pour l'école du futur : http://innoschool.tkk.fi.
- En Suisse, le Laboratoire de recherche LIFE, Innovation-formation-éducation, de l'université de Genève. Son site offre, entre autres, une sélection importante de centres et d'instituts de recherche affiliés : http://www.unige.ch/fapse/life.
- En Italie, le CIRPED, Centre national de recherche pédagogique : http://www.cirped.it, et le projet INDIRE, de l'Agence nationale pour le développement de l'autonomie scolaire : http://www.indire.it.
- Au Québec, le GRIIP, Groupe d'intervention et d'innovation pédagogique, dédié à la pédagogie universitaire à l'université du Québec : http://ptc.uquebec.ca.
- Et, pour finir, le CERI, Centre pour la recherche et l'innovation dans l'enseignement de l'OCDE : http://www.oecd.org.

*Se rencontrer pour innover*

Il est quasiment impossible de citer ici tous les débats et rencontres qui s'organisent aujourd'hui, en France et à l'étranger, autour de l'innovation en éducation et, même si on se lançait dans une telle entreprise, cet exercice s'avérerait assez inutile car on serait devancé par Internet, un outil idéal pour être informé en temps réel et en tout domaine. Cela dit, on retiendra ici, à titre d'exemples, des rencontres qui nous semblent être parmi les plus pertinentes par rapport à la réflexion sur le nécessaire changement en éducation.

À l'international :

- Le très médiatisé WISE, le World Innovation Summit for Education, une initiative de la Qatar Foundation : http://www.wise-qatar.org.

En France, avec le soutien du ministère de l'Éducation nationale :

■ Le FEIIE, Forum des enseignants innovants et de l'innovation éducative, organise une fois par an par le Café pédagogique, qui a pour objectif de valoriser les initiatives des milliers d'enseignants innovants qui créent chaque jour des documents pédagogiques, des projets, des outils nouveaux pour faire progresser leurs élèves : http://www.forum-orleans2012.net.

■ Les Journées de l'innovation, organisées par le ministère une fois par an afin de stimuler et de valoriser les innovations de tous les acteurs de la communauté éducative. Ces journées permettent de partager l'analyse de "ce qui marche" en éducation, de s'intéresser aux changements en profondeur qui se jouent, à petite échelle, à travers des expérimentations et leurs évaluations : http://eduscol.education.fr.

Dans les réseaux "alternatifs" de la société civile, les initiatives se multiplient, toutes au nom de l'innovation et de la réappropriation fertile d'une créativité dans la façon d'enseigner et de transmettre. La dernière en date est le Printemps de l'éducation, une alliance d'associations, de réseaux et d'individus acteurs-auteurs du changement en éducation, qui compte, parmi ses objectifs, la création de rencontres régulières (voir l'encadré ci-dessous) : http://www.printemps-education.org.

**Printemps de l'éducation**

Alliance pour un renouveau de l'éducation

Le mouvement Printemps de l'éducation est né de rencontres entre des enseignants, éducateurs, parents, grands-parents, mais aussi des enfants, ainsi que des représentants d'associations, d'organisations, d'entreprises, de collectivités partageant un même constat, une même envie et une même vision.

Le constat, c'est que des problèmes de plus en plus préoccupants s'accumulent (échec scolaire, difficulté d'insertion dans la vie professionnelle, perte de sens, sentiment croissant d'impuissance des enseignants et des éducateurs au sens le plus large, etc.) sans qu'aucune réforme ambitieuse et innovante soit vraiment à la hauteur des enjeux. Or, le renouveau de la société passe nécessairement par un renouveau de l'éducation. Mais pas n'importe quelle éducation ! Notre vision de l'éducation considère que c'est l'enfant en tant qu'être à part entière, et ses intérêts, qui doivent être au cœur de celle-ci. Elle doit lui permettre de devenir acteur conscient, créateur, responsable et autonome face à son avenir, de s'épanouir individuellement et collectivement, et apprendre à être en paix avec soi-même, avec les autres et avec son environnement.

Nous voulons donc plus particulièrement promouvoir les approches éducatives globales et transdisciplinaires dans lesquelles, par exemple, l'enfant est à la fois enseigné et enseignant, et où son désir, sa joie d'apprendre sont sans cesse stimulés. Les approches éducatives que nous encourageons qui ne sont plus seulement le monopole de l'école mais bien une mission collective impliquant l'ensemble de la société et de ses acteurs doivent permettre de lutter contre l'échec scolaire et de prendre en compte les spécificités des nouvelles générations tout autant que celles des enfants en situation de handicap.

Groupes de parents, réseaux associatifs, collectifs, écoles, porteurs de projets éducatifs divers, élus, organisateurs de conférences et de rencontres, etc., nombreux sont ceux qui œuvrent déjà pour cette "nouvelle éducation" dont nous venons de décrire les grandes orientations. Cependant, nous constatons trop souvent que ces initiateurs se sentent isolés et fragiles face au système actuel, qu'ils se connaissent peu, que l'énergie et les informations sont trop dispersées.

C'est pour rompre cet isolement, pour relier tous ces acteurs entre eux, pour encourager les transmissions d'expériences et leur démultiplication que nous avons créé le Printemps de l'éducation, mouvement indépendant, apolitique, non confessionnel.

Les objectifs du mouvement sont les suivants :

1. Identifier les acteurs du "renouveau" éducatif, les pratiques innovantes et les recherches les plus significatives en la matière ;
2. Encourager la transmission des pratiques existantes et la mise en œuvre d'expériences éducatives nouvelles ;
3. Animer un réseau destiné à relier les acteurs, favoriser les échanges autour de cette nouvelle conscience et de ces savoir-faire, activer toutes les intelligences collectives et susciter des coopérations éducatives ;
4. Rassembler le plus grand nombre pour devenir un acteur significatif du renouveau éducatif, capable de mener une action politique.

Pour ce faire, nous mettons en place des actions, telles les rencontres "Printemps de l'éducation".

Pour tout contact : contact@printemps-education.org.

Pour en savoir plus : http://www.printemps-education.org.

# CONCLUSION

*Quand je suis allé à l'école, ils m'ont demandé*
*Ce que je voulais être quand je serais grand.*
*J'ai écrit "heureux".*
*Ils m'ont dit que je n'avais pas compris la question.*
*J'ai répondu qu'ils n'avaient pas compris la vie.*

JOHN LENNON

Selon de récents sondages[1], environ 20 000 élèves sont scolarisés dans les établissements scolaires qui se réclament "différents", tous niveaux et tous statuts confondus. Sur un total de presque 13 millions d'élèves de l'Éducation nationale (dont plus de la moitié sont des écoliers), c'est très peu de chose, il faut se rendre à l'évidence... Si l'on pouvait comparer l'éducation à l'agriculture, les écoles alternatives étant à l'Éducation nationale ce que le bio est à l'agriculture industrielle, nous serions encore à des années-lumière des 3 % que représente actuellement le bio sur la surface agricole en France ! Mais, on l'a vu, ces écoles "bio", qui défendent la joie de vivre, commencent à faire parler d'elles. Et les pédagogies de la joie et du bien-être font l'objet de débats et de recherches : non seulement dans les cercles des chercheurs "alternatifs", mais aussi au sein de l'Éducation nationale. Au moment où se termine l'écriture de ce livre, une concertation ministérielle, "Refondons l'école de la République[2]", est en cours, qui travaille sur une réforme de l'éducation en France. Les thématiques sont prometteuses : la réussite scolaire pour tous ; les élèves au cœur de la refondation ; un système éducatif juste et efficace ; des personnels formés et reconnus. En particulier, le fait de mettre les élèves au cœur de la refondation (par "la promotion de tous, l'épanouissement de chacun") nous amène tout naturellement à la question du bien-être des enfants à l'école, qui est au centre de nos préoccupations. Pour un renouveau de l'école, nous ne pouvons plus faire l'économie d'une attention accrue à la

1. Cités par Marie-Laure Viaud, *op. cit.*
2. http://www.refondonslecole.gouv.fr.

santé globale des élèves, d'un accompagnement efficace des élèves en situation de handicap, d'un climat scolaire apaisé et, pour finir, d'une éducation à la citoyenneté, comme l'annoncent les propos de cette réforme[1].

Commençons donc, nous, les parents, les enseignants et les élèves, à abandonner définitivement nos postures de victimes ou d'opposants agressifs d'un système à combattre à tout prix, l'"ennemi numéro un" demeurant l'enseignant pour le parent, le parent pour l'enseignant, et ainsi de suite... L'émergence d'une population nouvelle, désignée sous le terme général de "créatifs culturels", nous avait surpris en début de ce millénaire : aujourd'hui, elle est devenue un fait de société. Les *créatifs* d'il y a dix ans sont devenus les *créateurs* en action pour le changement, le nouveau monde qu'ils préconisaient étant en ce moment en pleine naissance. De ce monde en devenir, nous pouvons seulement deviner l'impérieux besoin de liberté, individuelle et collective, qui le caractérise à tous les niveaux : le même qui imprègne ces écoles où les enfants sont heureux. Soyons donc les créateurs de cette nouvelle éducation.

Commençons aussi, sur les traces de ceux qui nous ont précédés, à imaginer les écoles, nos écoles, comme des lieux où le bonheur et le bien-être sont possibles grâce à nous. Il ne s'agit pas de rejoindre le clan des optimistes à outrance et de danser sur la musique d'un titanesque mammouth en train de couler, mais d'adopter une attitude que nos grands-parents paysans pratiquaient depuis la nuit des temps : cultiver ce jardin là où la terre est déjà fertile et où la nature respire  même un brin d'herbe suffit à indiquer l'existence de la vie –, pour que cette dernière se répande de façon organique et merveilleuse. Dépassons nos résistances, nos propres obstacles. Osons nous transformer nous-mêmes pour transformer l'éducation. Pour cela, je fais miennes les paroles de Charles Caouette, qui m'a accompagnée tout au long de cet ouvrage : "Alors que chacun de nous ressent intérieurement une aspiration profonde au Bonheur et à la Joie, il est curieux que nous devenions

1. Ce sont les sous-thèmes du débat "Les élèves au cœur de la refondation".

très sceptiques, voire même suspicieux, lorsqu'il est proposé d'éduquer à la Joie. C'est pourtant un projet formidable qui devrait nous mobiliser, car l'enfant doit apprendre très tôt dans sa vie à ressentir la Joie d'apprendre et la Joie de vivre. Cela exige, par ailleurs, que les parents et les enseignants soient eux-mêmes capables de vivre et de travailler avec une Joie explicite et communicative, capables d'exprimer avec sincérité que l'enfant est pour eux une source magnifique de Joie."

Les conclusions de ce livre sont donc incarnées par les espoirs et les témoignages des pionniers du changement que nous avons rencontrés tout au long du texte. On peut leur donner une suite en adoptant les pistes d'action qui ont été proposées au chapitre précédent : des chemins qui sont à la portée de tous. Dans toutes les rencontres sur l'éducation auxquelles je participe, lorsque j'expose quelques-uns des exemples rapportés dans ce livre, du public arrive ponctuellement la même question : "Éduquer à la joie à Auroville, à Brockwood, dans des lieux si différents, privilégiés, c'est facile... mais comment faire lorsque nous avons des classes de trente-cinq élèves, avec des programmes à respecter, des évaluations à faire, une pression continue de la part du ministère, des inspections... ?" demandent des enseignants en souffrance. "Comment faire face au malaise de mon enfant, avec des profs qui ne nous écoutent pas, une institution si fermée ?" ajoutent les parents. Je n'ai pas de réponses toutes faites. Rappelons-nous cependant l'exemple d'Isabelle Peloux qui, lorsqu'elle a décidé de monter son école aux Amanins, a été surprise par la relative facilité de cette démarche. Sur ses pas, nous pouvons aussi monter la nôtre. Nous pouvons réunir d'autres parents et organiser des écoles à la maison. Nous pouvons, enseignants de l'école publique, nous unir à d'autres enseignants qui travaillent dans le même sens : des professionnels "généreux, innovants et apprenants", comme les définit Ostiane Mathon, qui accompagne des équipes d'établissement dans la mise en œuvre de leur projet d'école[1].

1. Ostiane Mathon, *op. cit.*

Dans la période que nous vivons, de transformation dans tous les domaines de l'humain, la seule certitude est qu'il y a autant de solutions que d'individus. Il y a trois siècles, Spinoza nous parlait déjà non seulement de la possibilité, mais aussi du droit que nous avons de vivre cette existence dans la vérité et la vertu et, plus encore, d'être heureux, joyeux, libres. Il définissait la joie comme *puissance d'action*, une énergie qui n'est pas uniquement subjective, mais collective. Les réponses possibles aujourd'hui vont forcément dans la direction de cette puissance, elles reflètent le caractère d'expérimentation du moment : elles seront individuelles et collectives, originales, différentes et différenciées, innovantes, impensées et sûrement dérangeantes... À vous d'inventer la vôtre, la seule condition nécessaire à ce changement étant notre réelle disponibilité à changer.

# REMERCIEMENTS

Je remercie d'abord ma famille et en particulier Enzo, mon mari, qui m'a soutenue tout au long de cette aventure avec une confiance et un amour qui n'ont jamais fait défaut.

Merci de tout cœur au professeur Caouette pour l'aide très concrète qu'il a apportée à la rédaction de ce livre, pour ses conseils avisés d'expert en éducation, pour ses relectures ponctuelles, mais surtout pour son encouragement indéfectible dans mes moments de fatigue ("essaie que ce livre ne devienne pas posthume !").

Je remercie aussi tous les éducateurs, professeurs, maîtres et maîtresses ainsi que tous les élèves des écoles visitées en Inde, au Canada, en Italie, en Angleterre, en France... Merci de la richesse de leurs partages, parfois révélateurs de souffrances, parfois si drôles, toujours débordants de vie.

Merci au professeur René Barbier, sans qui toute l'aventure de l'*éducation à la joie* n'aurait pas pu commencer.

Merci à toutes les personnes interviewées et consultées : Guy Corneau, Bruno Giuliani, Patrick Viveret, Irene Stella, Ilaria Milanesi, Pierre Demers, Marco Ernani, Philippe, Caroline Sost, Isabelle Peloux, Henri Dahan.

Un grand merci à Anne Barth, réalisatrice, entre autres, du film *Quels enfants laisserons-nous à la planète ?* (sur l'école des Amanins en France), qui m'a facilité les contacts au Québec.

Merci à Cyril Dion et Alain Aubry, du Mouvement Colibris, grands experts en *reliance*, qui m'ont mis en contact avec la maison d'édition Actes Sud.

Enfin, je remercie les éditions Actes Sud, en particulier Marie-Marie Andrasch, pour sa patience et son soutien amical.

Colibris
coopérer pour changer

Colibris est une ONG qui encourage une dynamique de créativité au sein de la société civile. Sa mission consiste à inspirer, relier et soutenir ceux qui veulent construire une société écologique et humaine.

Éducation, économie, agriculture, énergie, habitat..., l'association met en lumière les solutions les plus abouties dans chaque domaine et propose des outils concrets pour favoriser leur mise en œuvre sur des territoires. La méthode Colibris facilite la coopération entre citoyens, élus, entrepreneurs, et permet à chacun d'agir, individuellement ou collectivement, sur son lieu de vie.

Les Colibris, ce sont tous ces individus qui inventent, expérimentent, coopèrent concrètement pour bâtir des modèles de vie en commun respectueux de la nature et de l'être humain.

Fondée sous l'impulsion de Pierre Rabhi en 2007, Colibris appartient au réseau Terre et Humanisme, dont la vocation de chaque structure est d'encourager l'émergence et l'incarnation de nouveaux modèles de société par une politique en actes.

La collection "Domaine du possible", dans laquelle ce livre est édité, est le fruit d'une collaboration et d'une amitié entre Actes Sud et Colibris entamées en 2007.

Pour plus d'information : www.colibris-lemouvement.org

# POUR ALLER PLUS LOIN

SOCIÉTÉ – ÉCOLOGIE

*ACTES SUD*
*ÉDITEURS ASSOCIÉS*

LIONEL ASTRUC

*(R)ÉVOLUTIONS*

***POUR UNE POLITIQUE EN ACTES***

FÉVRIER 2012/ 14 X 19 / 288 PAGES

COLLECTION "DOMAINE DU POSSIBLE"

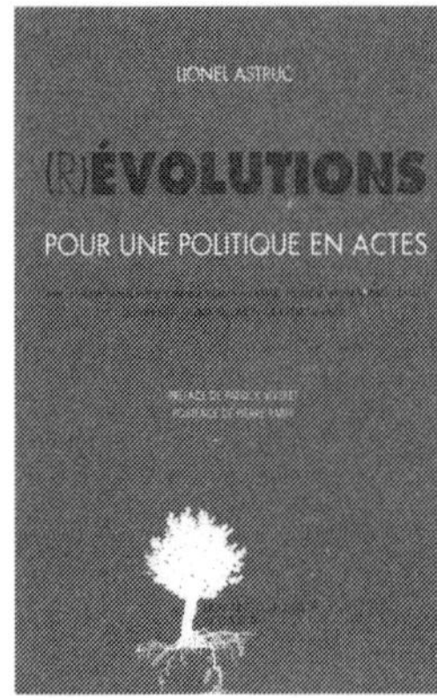


Un grand mouvement social bouleverse en silence nos territoires, hors du champ des caméras, à l'échelon local. Des quartiers, des communes, des départements, des organisations, marchandes ou non, et des citoyens accomplissent, sans roulements de tambour ni renversements spectaculaires, les révolutions écologiques et sociales attendues et espérées en ces temps de crise politique et économique. Cet ouvrage met en lumière des solutions qui ont fait leurs preuves, à petite comme à grande échelle, dans la plupart des domaines de la société, depuis l'agriculture jusqu'à la justice en passant par la finance, l'industrie, la santé, l'énergie, l'architecture, la communication ou encore l'emploi.

Avec : Jean-Marc Borello, Philippe Desbrosses, Isabelle Desplats, Jean-Baptiste de Foucauld, Dominique Gauzin-Muller, Thierry Janssen, Bernard Lietaer, Gunter Pauli, Isabelle Peloux, Philippe Pointereau, Thierry Salomon, Gilles-Eric Séralini, Pierre Rabhi, Dominique Rousseau, Laurent Terrisse, Patrick Viveret..

SOPHIE BOUQUET-RABHI

*LA FERME DES ENFANTS*

***UNE PÉDAGOGIE DE LA BIENVEILLANCE***

NOVEMBRE 2011 / 14 x 19 / 184 PAGES

COLLECTION "DOMAINE DU POSSIBLE"

En 1997, Sophie Bouquet-Rabhi entreprend de fonder une petite école alternative, en Ardèche. Pour elle, l'école doit être un lieu profondément respectueux de l'enfant, au service de son développement et à même de lui donner les outils nécessaires pour qu'il devienne un adulte critique, responsable, heureux et libre. Elle y développe alors une pédagogie originale, à partir des analyses de M. Montessori, J. Krishnamurti, C. Freinet ou encore Alice Miller. Sophie Bouquet-Rabhi ouvre ainsi des perspectives par le biais de son témoignage, en tant qu'enseignante, pédagogue, mère et citoyenne. Elle démontre comment, en entourant l'enfant d'amour et de confiance, toute situation conflictuelle ou violente peut être dépassée, épargnant ainsi le développement de peurs et de blocages qui, à terme, risquent d'exclure l'enfant de tout processus d'apprentissage. Cette approche, qu'elle qualifie de "pédagogie de la bienveillance", s'applique et se cultive quotidiennement dans une mise en pratique spécifique du rapport à l'autorité, dans l'organisation des rythmes scolaires et dans la remise en question de l'évaluation traditionnelle.

ANDRÉ STERN

*... ET JE NE SUIS JAMAIS ALLÉ À L'ÉCOLE*

OCTOBRE 2011 / 11,5 X 21,7 / 168 PAGES

Ce livre ne vante pas une méthode de plus, ne propose pas de recette miracle, n'est ni un manuel d'anticonformisme, ni une critique de l'école. Il est un témoignage, une source d'inspiration, un appel à la liberté, à la diversité et à la confiance. André Stern n'est jamais allé à l'école. Pourtant, il donne à lire une enfance et une expérience heureuses ; grandir loin de l'école n'est pas toujours synonyme de lacune. André Stern, musicien, compositeur, luthier, auteur et journaliste, a grandi dans le respect de la disposition spontanée de l'humain, caractéristique du travail de son père, le chercheur et pédagogue Arno Stern. Son livre, *... Et je ne suis jamais allé à l'école*, a été traduit et publié en 2009 en Allemagne, où il a connu un grand retentissement. Beaucoup d'éducateurs y trouvent l'énergie d'inventer des voies nouvelles dans leur travail quotidien. Le travail d'André Stern dans les médias, ses activités de conférencier dans les universités, auprès des professionnels de l'éducation et du grand public, répondent à un intérêt croissant de la part de tous ceux qui, de près ou de loin, vivent et travaillent avec les enfants.

ARNO STERN

*LE JEU DE PEINDRE*

*S'APPROVISIONNER ET PRODUIRE ENSEMBLE*

OCTOBRE 2011 / 14 X 19 / 144 PAGES

De l'enfant qui dessine, beaucoup a déjà été écrit. Arno Stern en propose pourtant une lecture aussi nouvelle qu'inhabituelle, forgée sur plus de soixante années de travail et d'observation. Toute son approche part d'un constat. Dès lors que l'enfant se met à dessiner, l'adulte, par souci d'accompagnement, tente d'en comprendre le sens, interroge, discerne des formes, suggère. Ainsi, sous le regard bienveillant du parent, dessiner devient pour l'enfant ce qu'en attendent les autres, la nécessité de produire une œuvre qui doit être belle, représentative, artistique. Ce n'est alors plus une expression spontanée, un plaisir d'exprimer. En créant un espace de quiétude et de jeu – le Closlieu –, Arno Stern a rendu possible ce qu'il a appelé la Formulation : l'émergence et la réalisation d'une trace exempte du rôle de la communication. De l'enfant qui dessine sans contraintes et sans enseignement, Arno Stern apporte la preuve qu'il se livre à un jeu sans spectateurs où il se libère de toute influence pour accomplir des actes essentiels et affirmer sa personnalité.

PIERRE RABHI

*VERS LA SOBRIÉTÉ HEUREUSE*

*S'APPROVISIONNER ET PRODUIRE ENSEMBLE*

AVRIL 2010 / 11,5 x 21,7 / 120 PAGES

Au fil de ses expériences de vie s'est imposée à Pierre Rabhi une évidence : seul le choix de la modération de nos besoins et désirs, le choix d'une sobriété libératrice et volontairement consentie, permettra de rompre avec cet ordre anthropophage qu'est la mondialisation. Il apporte son témoignage personnel sur la nécessité d'une "sobriété heureuse" de nos modes de vie, qui permettrait de renouer le lien filial et fondamental entre l'homme et la nature.

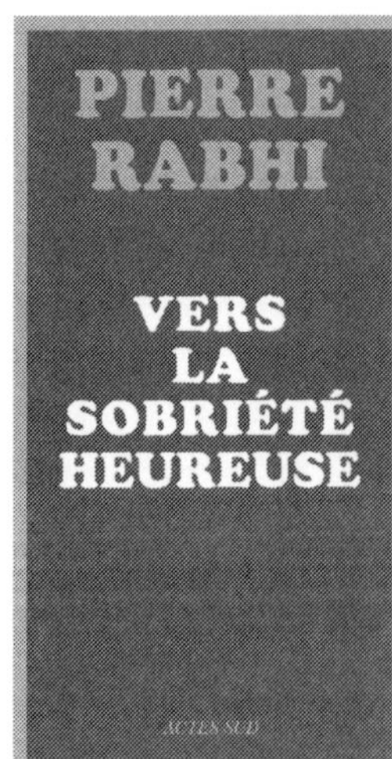

PIERRE RABHI

*ÉLOGE DU GÉNIE CRÉATEUR DE LA SOCIÉTÉ CIVILE*

*TOUS CANDIDATS !*

NOVEMBRE 2011 / 14 x 19 / 64 PAGES

COLLECTION "DOMAINE DU POSSIBLE"

Dans cet opuscule, Pierre Rabhi expose les motivations profondes qui l'ont poussé, avec ses amis, collaborateurs et collaboratrices, à lancer une contre-campagne lors de l'échéance électorale française de 2012. Toutefois, cette décision ne répond pas à un acte de politique politicienne ; bien au contraire, elle doit permettre à tous ceux qui œuvrent concrètement pour un changement bénéfique de la société d'être enfin entendus. Face aux événements planétaires générateurs de détresse et de violence, Pierre Rabhi affirme que le temps des consciences éclairées, déterminées, agissantes et tranquilles est venu.